首都圏版⑯　**最新入試に対応！ 家庭学習に最適の問題集!!**

立教女学院小学校

2022年度版 過去問題集

<問題集の効果的な使い方>

①お子さまの学習を始める前に、まずは保護者の方が「入試問題」の傾向や、どの程度難しいか把握します。もちろん、すべての「学習のポイント」にも目を通してください

②各分野の学習を先に行い、基礎学力を養いましょう！

③「力が付いてきたら」と思ったら「過去問題」にチャレンジ！

④お子さまの得意・苦手がわかったら、その分野の学習を進め、全体的なレベルアップを図りましょう！

合格のための問題集

立教女学院小学校

数量	Ｊｒ・ウォッチャー14「数える」
言語	Ｊｒ・ウォッチャー49「しりとり」
常識	Ｊｒ・ウォッチャー27「理科」、55「理科②」
図形	Ｊｒ・ウォッチャー35「重ね図形」
巧緻性	Ｊｒ・ウォッチャー25「生活巧緻性」

2019～2021年度
過去問題
掲載
＋
各問題に
アドバイス付!!

日本学習図書（ニチガク）

ニチガク式学習支援!!　　日本学習図書（ニチガク）

ニチガクの家庭学習支援

Web学習サポートサービス

こんなこと…ありませんか？

「ニチガクの問題集…買ったはいいけど、、、
この問題の教え方がわからない（汗）」

メールでお悩み解決します！

☆ ホームページ内の専用フォームで必要事項を入力！
☆ 教え方に困っているニチガクの問題を教えてください！
☆ 確認終了後、具体的な指導方法をメールでご返信！
☆ 全国どこでも！ スマホでも！ ぜひご活用ください！

<質問回答例>

学習のポイント

推理分野の学習では、後の学習に活きる思考力を養うことができます。ご家庭で指導する場合にも、テクニックにたよらず、保護者の方が先に基本的な考え方を理解した上で、お子さまによく考えさせることを大切にして指導してください。

Q.「お子さまによく考えさせることを大切にして指導してください」と学習のポイントにありますが、考える習慣をつけさせるためには、具体的にどのようにしたらいいですか？

A. お子さまが考える時間を持てるように、質問の仕方と、タイミングに工夫をしてみてください。
たとえば、「答えはあっているけど、どうやってその答えを見つけたの」「答えは○○なんだけど、どうしてだと思う？」という感じです。はじめのうちは、「必ず 30 秒考えてから手を動かす」などのルールを決める方法もおすすめです。

まずは、ホームページへアクセスしてください!!

http://www.nichigaku.jp　日本学習図書　検索

目指せ！合格！

家庭学習ガイド
立教女学院小学校

ペーパー　巧緻性　運動　行動観察　親子面接

入試情報

募集人数：女子72名
応募者数：女子541名
出題形態：ペーパー、ノンペーパー
面　　接：保護者・志願者面接
出題領域：ペーパー（数量、推理、言語、常識、図形）、巧緻性、運動、行動観察

入試対策

巧緻性、行動観察、運動と、ペーパー以外の課題も多いので、ペーパー学習とのバランスをよく考えて取り組んでいきましょう。全体的な出題傾向に大きな変化はありません。保護者の方はどんな課題が出題されているのかをしっかりとつかんで対策に反映させるようにしてください。すべての課題において基礎的な学習をしておけば充分に対応できます。背伸びをするのではなく、基本を徹底することが当校の1番の対策と言えるでしょう。

●ペーパーテストの出題分野に大きな変化はありませんが、出題方法や解答方法には変化があります。表面的な違いに惑わされないように、しっかりとした基礎学力を付けていくようにしましょう。

●常識分野の問題は身近なものや季節の行事などを中心に出題されます。ペーパー学習だけでなく、生活体験の機会を設けるように心がけましょう。

●ちょう結びや箸使いなどの巧緻性の課題が例年出されているので、早めに取り組んで慣れておくようにしましょう。

●難しいものではありませんが運動課題もあります。特別な対策は必要ありませんが、学習の合間に体を動かすくらいのことはしておきましょう。

●数量の問題は当校独特の出題形式になっています。過去問を中心に学習に取り組んで、しっかりと慣れておくようにしましょう。

「立教女学院小学校」について

＜合格のためのアドバイス＞

　コロナ禍にあっても試験内容に大きな変更は見られませんでした。学校が求めている子ども像に大きな変化がないことの表れと言ってもよいでしょう。

　ペーパーテストでは、「数量」「推理」「言語」「常識」「図形」といった出題されている分野の対策学習は必須です。中でも「数量」では、風景の中にたくさんものが描かれている１枚絵からの出題がお約束になっています。１つひとつがバラバラで、しかも背景とまぎれやすいものを数えたり、たし算・ひき算したりするものなので、はじめて問題に取り組むお子さまは戸惑ってしまうかもしれません。

　面接は考査日前に行われます。願書に記入したこと、通学時間、アレルギーの有無、志望動機などの質問があります。また、今年度の行動観察は面接時に行われました。保護者の方がアンケート・面接を行っている時間に志願者の行動観察を行い、途中から面接に合流する形になっています。

　ペーパーテスト、巧緻性、運動、行動観察、面接のすべてに言えることは正確に聞き取ることです。間違えやすい選択肢や指示なども見受けられるので、ミスをしないように注意しましょう。

〈2021 年度選考〉

〈考査日〉

- ◆ペーパー（数量、推理、言語、常識、図形）
- ◆巧緻性
- ◆運動
- ◆行動観察
- ◆保護者・志願者面接（考査前に実施）

◇過去の応募状況

2021 年度　女子 541 名
2020 年度　女子 567 名
2019 年度　女子 594 名

入試のチェックポイント

◇生まれ月の考慮…「あり」
◇受験番号…「生年月日逆順」

〈本書掲載分以外の過去問題〉

- ◆常識：土の中にできるものを選ぶ。［2017 年度］
- ◆言語：「かける」という言葉に合うものを選ぶ。［2017 年度］
- ◆図形：たくさんの動物が描いてある絵の中で「ライオン、サル、ウサギ、ブタ」の順番に並んでいるものに○をつける。［2017 年度］
- ◆常識：スポーツに使う道具を選ぶ。［2017 年度］
- ◆図形：見本と同じ形を作る時に、足りないマッチ棒の数を答える。［2017 年度］

㊢ 先輩ママたちの声！

◆実際に受験をされた方からのアドバイスです。
ぜひ参考にしてください。

立教女学院小学校

・受付の後、アンケートがあり、通学経路・時間、学校に伝えたいこと、幼稚園（保育園）の欠席日数、アレルギーの有無、起床・就寝時間、家族写真と本人写真の貼付など、記入項目が多いのでしっかりと準備をしていく必要があります。

・待ち時間が長かったので、本や折り紙などを持参して、子どもを退屈させないような工夫をした方がよいと思います。

・緊張して面接に臨みましたが、終始なごやかな雰囲気で進み、子どもに対しては特にやさしく接していただいているように感じました。

・筆記試験は、広い分野から出題されるので、過去問題や類似問題をできるだけ多く練習しておいた方がよいと思います。

・面接では事前に予想・準備していなかった質問をされたため、いつもはあまり動じない子どもが、声が出ないほど緊張してしまいました。どんな質問にも対応できるよう、ふだんから話し方、答え方を練習しておく必要があるようです。

・コロナ禍ではありますが、説明会や行事にはできるだけ参加した方がよいと思います。

立教女学院小学校

過去問題集

〈はじめに〉

現在、少子化が叫ばれているにもかかわらず、私立・国立小学校の入学試験には一定の応募者があります。入試は、ただやみくもに学習するだけでは成果を得ることはできません。志望校の過去における出題傾向を研究・把握した上で、練習を進めていくこと、その上で試験までに志願者の不得意分野を克服していくことが必須条件です。そこで、本問題集は小学校を受験される方々に、志望校の出題傾向をより詳しく知って頂くために、過去に遡り出題頻度の高い問題を結集いたしました。最新のデータを含む精選された過去問題集で実力をお付けください。

また、志望校の選択には弊社発行の「**2022年度版　首都圏・東日本　国立・私立小学校　進学のてびき**」をぜひ参考になさってください。

〈本書ご使用方法〉

◆テスターは出題前に一度問題を通読し、出題内容などを把握した上で、〈 準　備 〉の欄に表記してあるものを用意してから始めてください。
◆お子さまに絵の頁を渡し、テスターが問題文を読む形式で出題してください。問題を読んだ後で、絵の頁を渡す問題もありますのでご注意ください。
◆**「分野」**は、問題の分野を表しています。弊社の問題集の分野に対応していますので、復習の際の目安にお役立てください。
◆一部の描画や制作、常識等の問題については、解答が省略されているものがあります。お子さまの答えが成り立つか、テスターが各自でご判断ください。
◆〈 時　間 〉につきましては、目安とお考えください。
◆解答右端の［**〇年度**］は、問題の出題年度です。［**2021年度**］は、「2020年の秋から冬にかけて行われた2021年度入学志望者向けの考査で出題された問題」という意味です。
◆**学習のポイント**は、指導の際にご参考にしてください。
◆**【おすすめ問題集】**は各問題の基礎力養成や実力アップにお役立てください。

〈本書ご使用にあたっての注意点〉

◆文中に**この問題の絵は縦に使用してください。**と記載してある問題の絵は縦にしてお使いください。
◆〈 準　備 〉の欄で、クレヨンと表記してある場合は12色程度のものを、画用紙と表記してある場合は白い画用紙をご用意ください。
◆文中に**この問題の絵はありません。**と記載してある問題には絵の頁がありませんので、ご注意ください。なお、問題の絵の右上にある番号が連番でなくても、中央下の頁番号が連番の場合は落丁ではありません。

下記一覧表の●が付いている問題は絵がありません。

問題1	問題2	問題3	問題4	問題5	問題6	問題7	問題8	問題9	問題10
問題11	問題12	問題13	問題14	問題15	問題16	問題17	問題18	問題19	問題20
●	●								●
問題21	問題22	問題23	問題24	問題25	問題26	問題27	問題28	問題29	問題30
問題31	問題32	問題33	問題34	問題35	問題36	問題37	問題38		
						●	●		

※問題を始める前に、冒頭の「本書ご使用方法」「本書ご使用にあたっての注意点」をご覧ください。
※筆記用具は鉛筆を使用します。間違えた場合は＝（２本線）で訂正し、正解を書き直します。

保護者の方は、別紙の「家庭学習ガイド」「合格のためのアドバイス」を先にお読みください。
当校の対策および学習を進めていく上で、役立つ内容です。ぜひ、ご覧ください。

2021年度の最新問題

問題１　分野：数量

〈準 備〉　鉛筆

〈問 題〉　問題１－１の絵を見ながら質問に答えてください。
（問題１－２の絵を渡す）

①トンボは何匹飛んでいるでしょうか。その数の分だけ○を書いてください。
②鳥が３羽飛んでいってしまいましたが２羽戻ってきました。鳥は何羽いるでしょうか。その数の分だけ○を書いてください。
③テントの中に２匹ずつ動物が入っています。テントの中に動物は何匹いるでしょうか。その数の分だけ○を書いてください。
④クマの親子が魚を３匹捕まえました。川の中に魚は何匹になったでしょうか。その数の分だけ○を書いてください。
⑤コスモスとキキョウはどちらがたくさん咲いているでしょうか。その花に○をつけて、右の四角の中に多く咲いている数の分だけ○を書いてください。

〈時 間〉　各20秒

問題２　分野：総合（数量、推理）

〈準 備〉　鉛筆

〈問 題〉　問題２－１の絵を見ながら質問に答えてください。
（問題２－２の絵を渡す）

①ジェットコースターで後ろから３番目に乗っているのは誰でしょうか。選んで○をつけてください。
②ジェットコースターがスタートする前にゾウさんは怖くなって降りてしまいました。今、前から３番目に乗っているのは誰でしょうか。選んで○をつけてください。
③観覧車が右回りに３つ動いた時、１番上にいるのは誰でしょうか。選んで○をつけてください。
④動物たちが話をしています。
サルさん「今日僕は７時に起きたんだ」
キツネさん「私は６時」
タヌキさん「私は９時に寝たの」
ゾウさん「僕は６時30分に起きた」
１番早く起きたのは誰でしょうか。選んで○をつけてください。
⑤お城に立っている旗で２番目に大きいものはどれでしょうか。その旗の記号に○をつけてください。

〈時 間〉　各20秒

問題3　分野：言語（いろいろな言葉）

〈準備〉　鉛筆

〈問題〉　①絵の中で最後に「す」がつくものに○をつけてください。
②絵の中で最初に「り」がつくものに△をつけてください。

〈時間〉　１分

問題4　分野：言語（しりとり）

〈準備〉　鉛筆

〈問題〉　全部の絵をしりとりでつなげた時、最後につながる絵に○をつけてください。

〈時間〉　各30秒

問題5　分野：常識（理科）

〈準備〉　鉛筆

〈問題〉　上の段の花と下の段の葉が正しい組み合わせになるように線で結んでください。

〈時間〉　１分

問題6　分野：常識（いろいろな仲間）

〈準備〉　鉛筆

〈問題〉　それぞれの段で仲間はずれのものはどれでしょうか。選んで○をつけてください。

〈時間〉　１分

問題7　分野：図形（重ね図形）

〈準備〉　鉛筆

〈問題〉　左の形は透明な紙に描かれています。２つの形をそのまま重ねるとどんな形になるでしょうか。選んで○をつけてください。

〈時間〉　１分

問題8　分野：図形（白黒反転）

〈準備〉　鉛筆

〈問題〉　左の形の白いところを黒に、黒いところ白に変えるとどんな形になるでしょうか。選んで○をつけてください。

〈時間〉　1分

問題9　分野：巧緻性

〈準備〉　クーピーペンシル（12色）、ハサミ、エプロン、箸、お椀2個、短いひも2本、スーパーボール2個

〈問題〉　【制作】
①ヨットの絵に色を塗りましょう。3色以上の色を使ってください。色を塗るだけで模様を描いてはいけません。
②描き終わったらハサミでヨットを切り取ってください。

この問題の絵はありません。
【箸使い】
①たたんであるエプロンをつけましょう。ひもはちょう結びで結んでください。
②お椀の中に入っているひもとスーパーボールをもう1つのお椀にお箸で移してください。終わったら元のお椀に戻してください。「やめ」と言われるまで続けてください。
③エプロンを外して、元通りにたたんでください。

〈時間〉　①10分程度　②3分程度

問題10　分野：運動

〈準備〉　なわとび、フープ、平均台、マット

〈問題〉　この問題の絵はありません。
【なわとび】
①始める前に練習をしましょう（10秒程度）。
②「やめ」と言うまでなわとびをしてください（30秒程度）。

この問題は絵を参考にしてください。
【サーキット運動】
①両足ジャンプでフープを順番に跳んでください。
②平均台を渡ってください。
③マットの上で2回でんぐり返しをしてください。

〈時間〉　適宜

問題11　分野：行動観察

〈準備〉　積み木、折り紙、絵本、輪投げ

〈問題〉　この問題の絵はありません。

【グループ課題】
（４～５名のグループで行う）
積み木をできるだけ高く積み上げてください。先生が「やめ」と言ったら積むのをやめてください。

【自由遊び】
「折り紙」「絵本の読み聞かせ」「輪投げ」などがあるので、好きな場所で遊んでください。

〈時間〉　20分程度

問題12　分野：親子面接

〈準備〉　なし

〈問題〉　この問題の絵はありません。

【父親へ】
・志望理由をお聞かせください。
・お休みの日はどのように過ごされていますか。
・自分の時間はありますか。
・カトリック教育についてどう思われますか。
・願書の内容や職業についての掘り下げた質問もあり。

【母親へ】
・お子さまのどんなところが当校に合っていると思いますか。
・女子校についてどんな考えを持っていますか。
・お子さまは食べものの好き嫌いはありますか。
・子育てで気を付けていることはありますか。
・願書の内容や職業についての掘り下げた質問もあり。

【志願者へ】
・お名前を教えてください。
・幼稚園の名前を教えてください。
・幼稚園では何をして遊ぶのが好きですか。
・さっきは何をして遊びましたか。
・お家で何かお手伝いはしていますか。
・お父さん、お母さんと何をして遊びますか。
・小学校に入ったら何をしたいですか。

〈時間〉　10分程度

家庭学習のコツ①　「先輩ママのアドバイス」を読みましょう！

本書冒頭の「先輩ママのアドバイス」には、実際に試験を経験された方の貴重なお話が掲載されています。対策学習への取り組み方だけでなく、試験場の雰囲気や会場での過ごし方、お子さまの健康管理、家庭学習の方法など、さまざまなことがらについてのアドバイスもあります。先輩ママの体験談、アドバイスに学び、ステップアップを図りましょう！

問題1－1

問題１－２

①

②

③

④

⑤

問題２－１

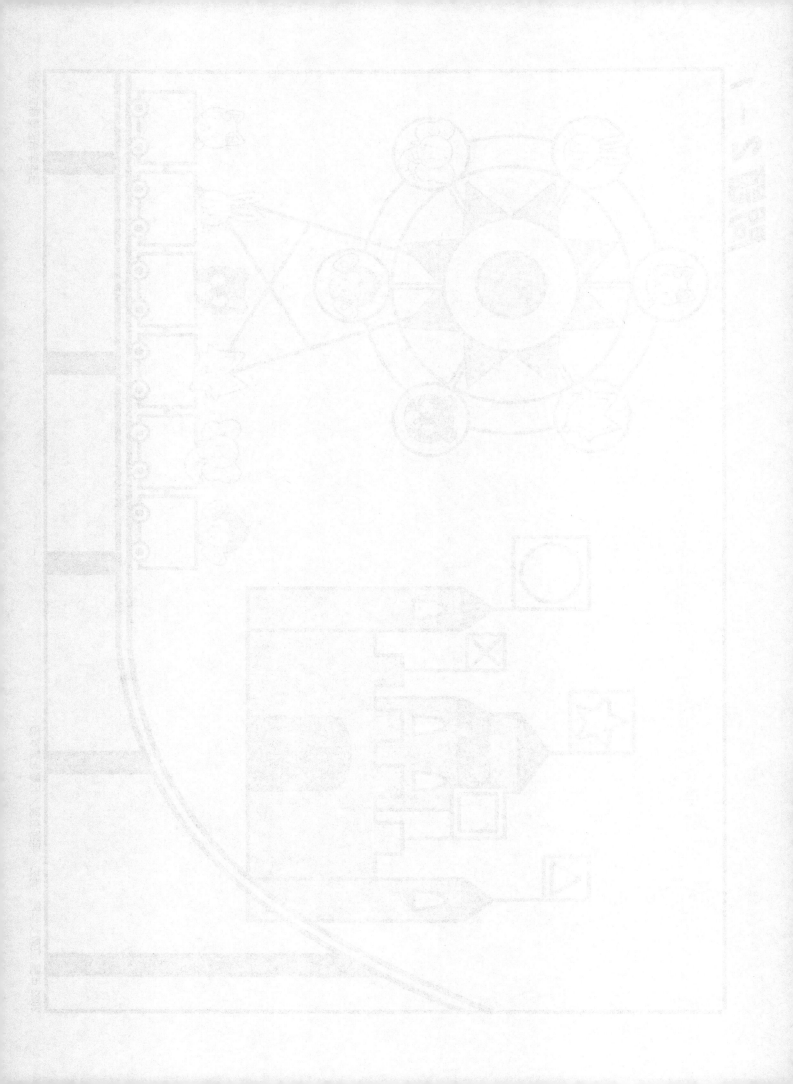

①	🦊	🐰	🐘	🐵	🐱	🐻
②	🦊	🐰	🐘	🐵	🐱	🐻
③	🦊	🐰	🐘	🐵	🐱	🐻
④	🦊		🐘	🐵		🐻
⑤	✕	☆	△	☐		◯

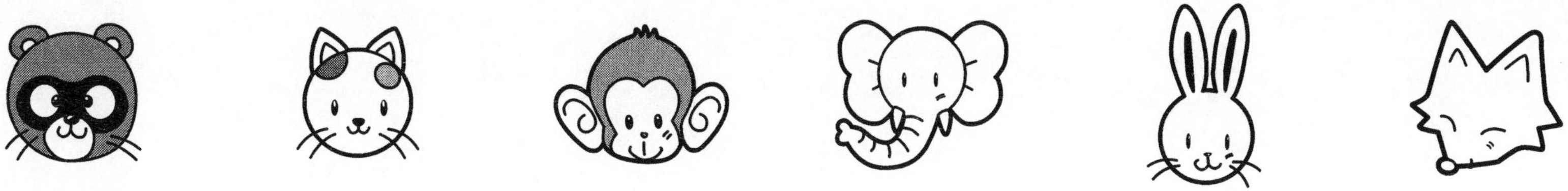

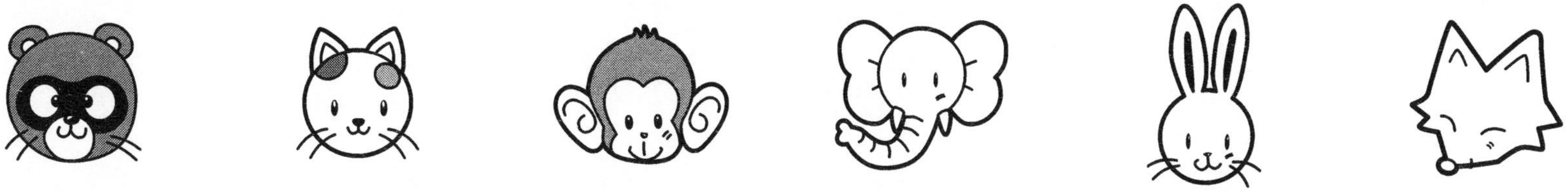

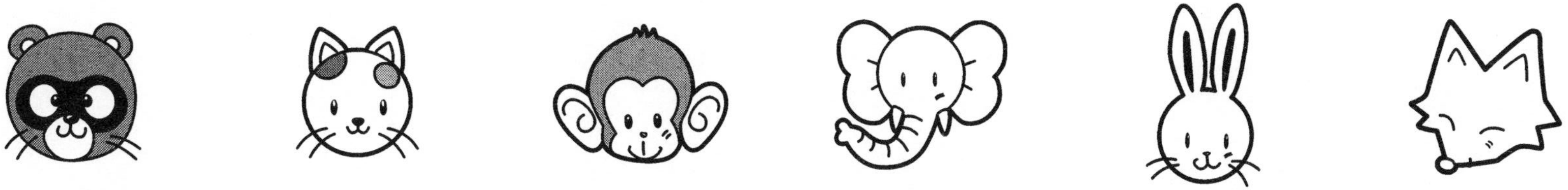

問題3

問題4

①

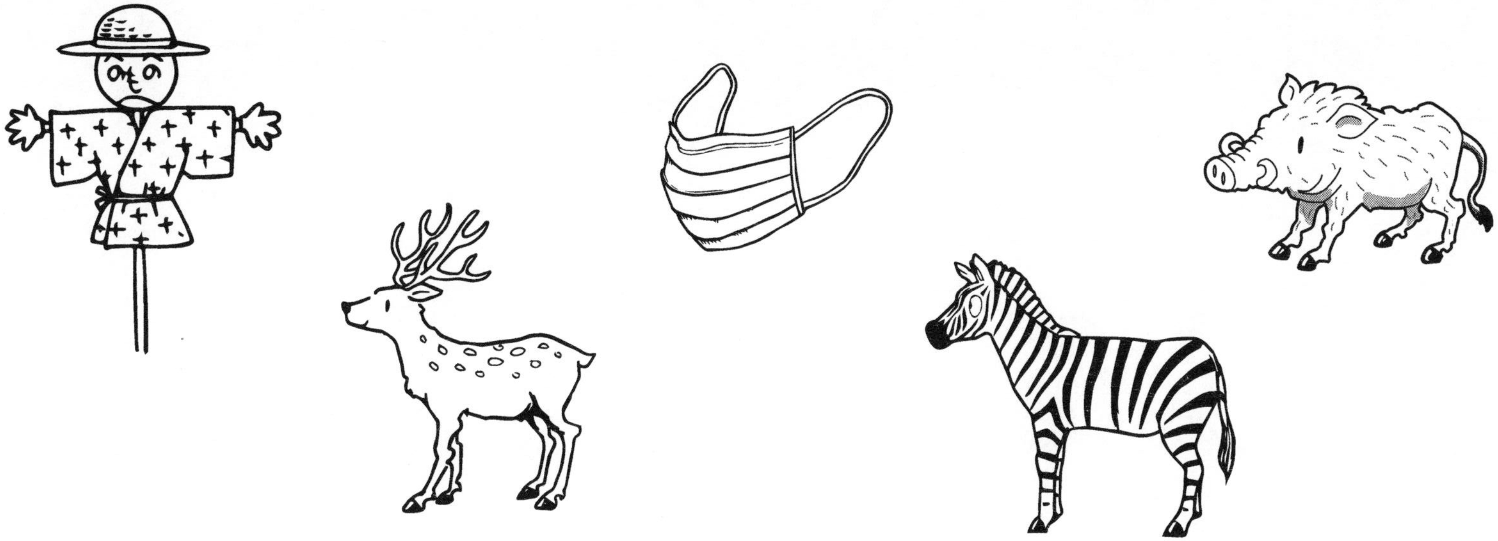

②

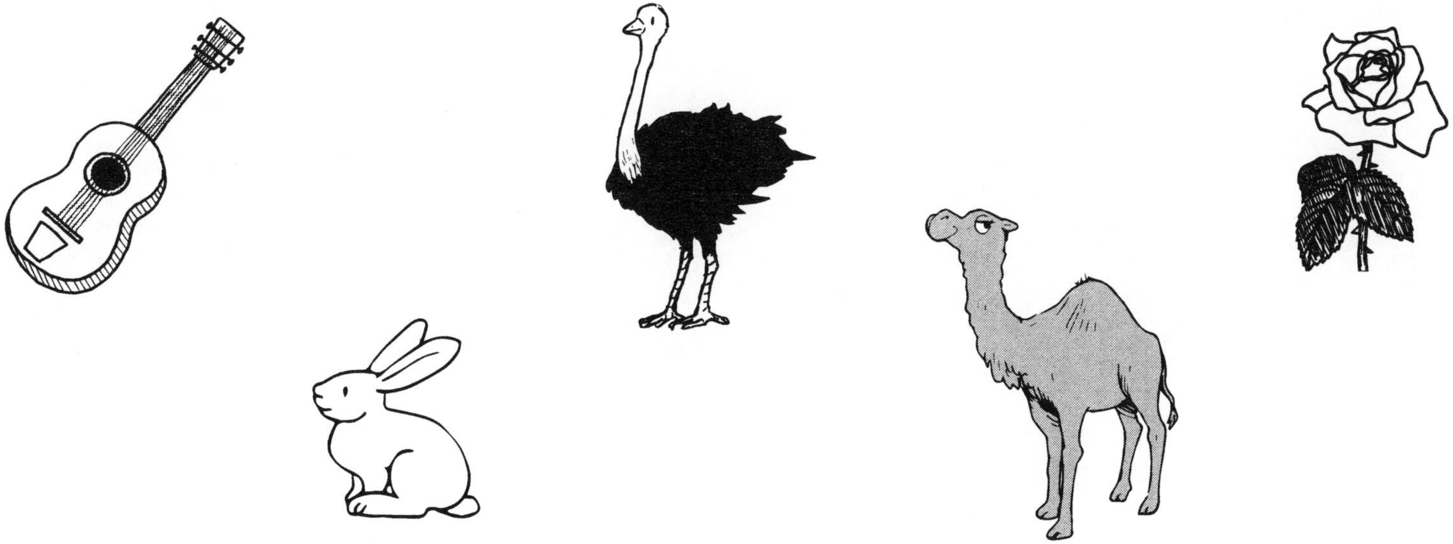

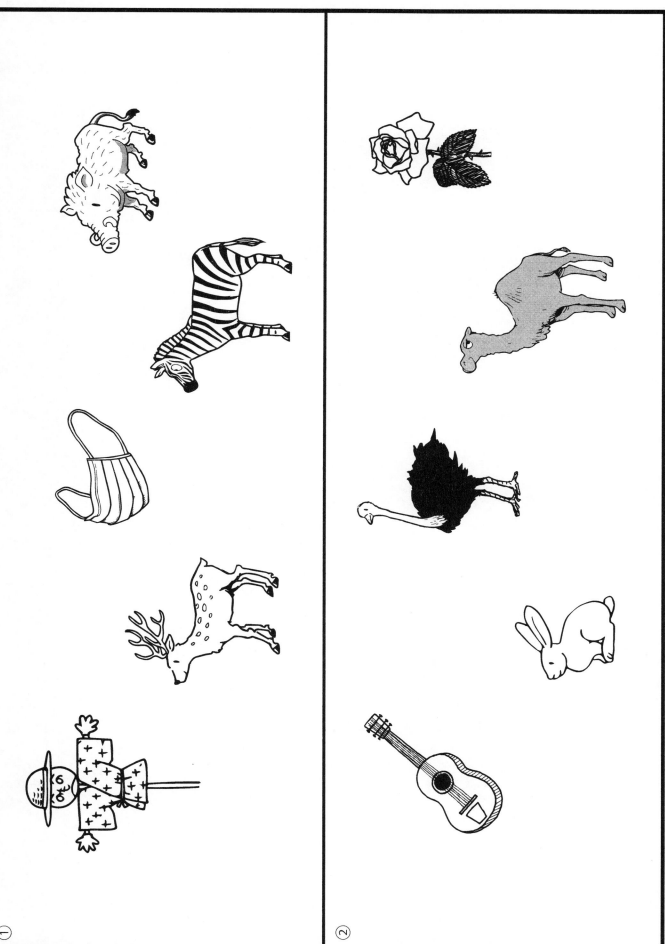

● ●

 ● ●

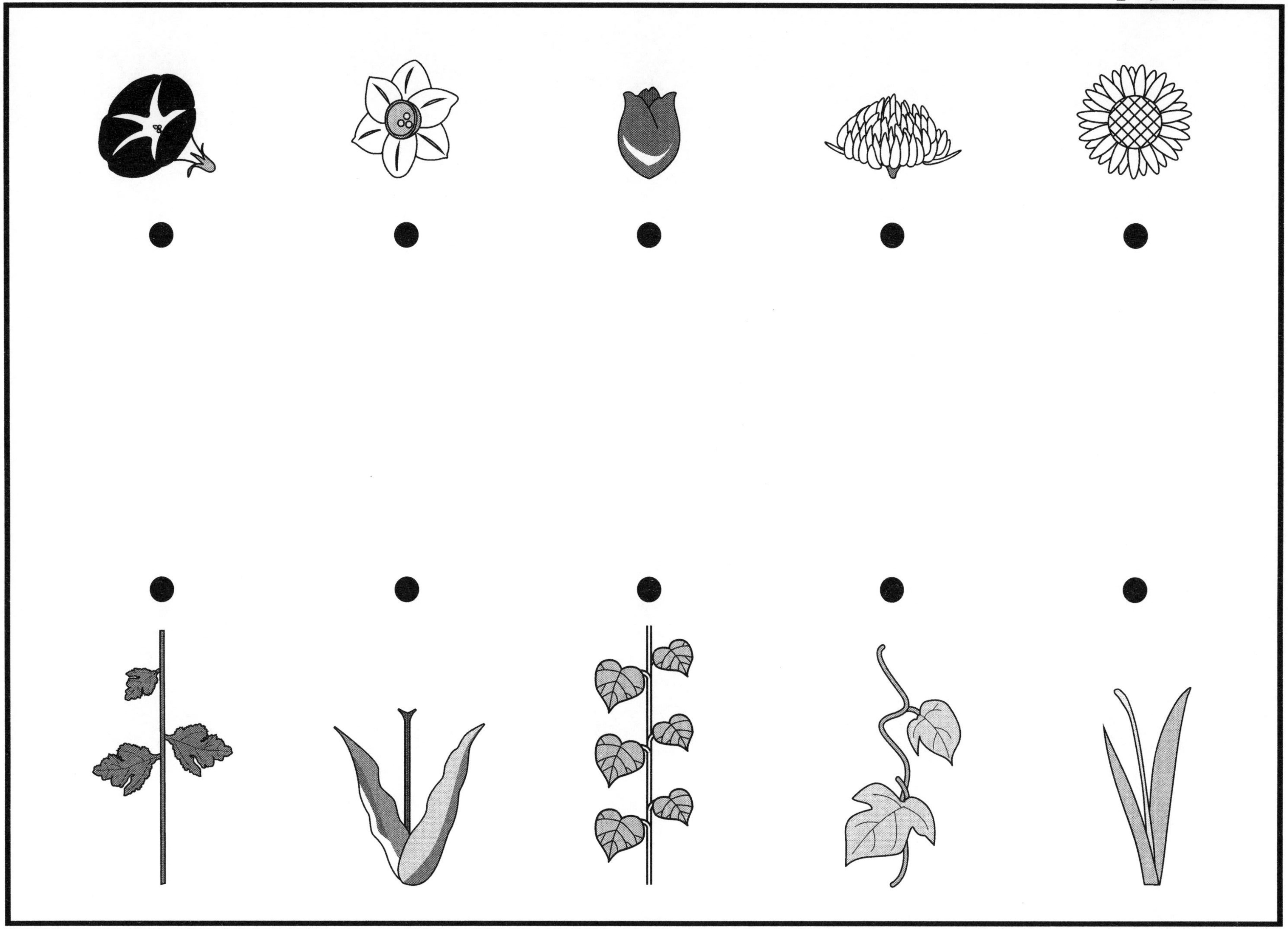

問題6

①

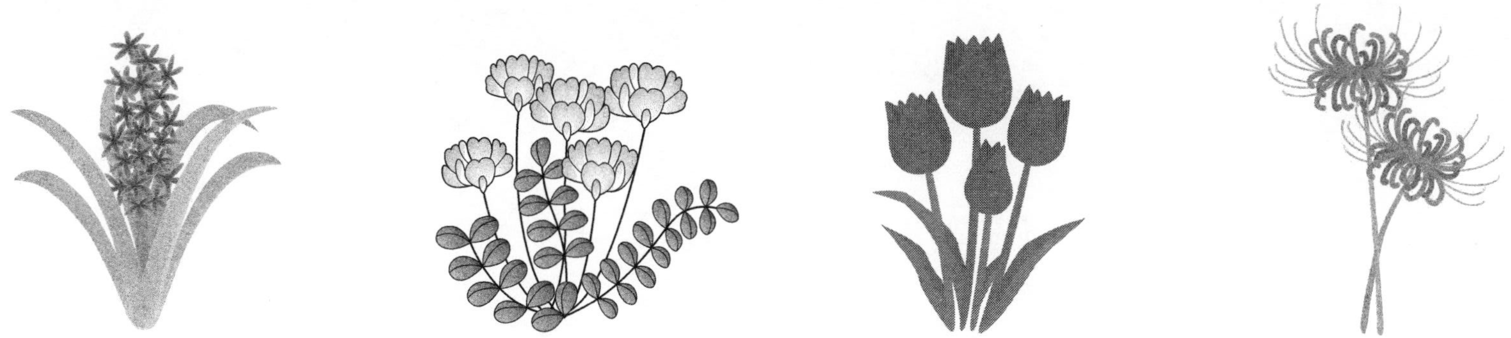

②

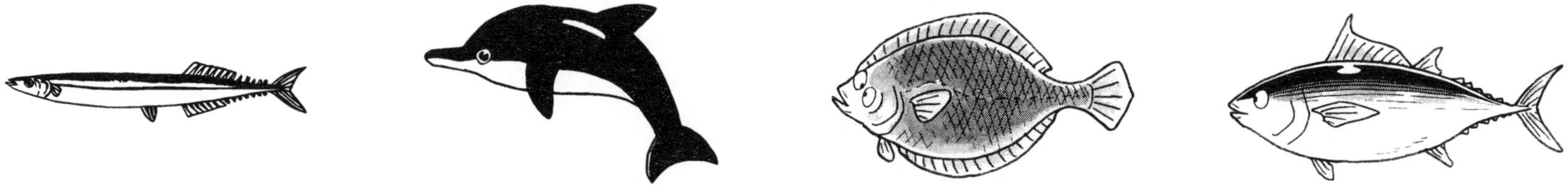

③

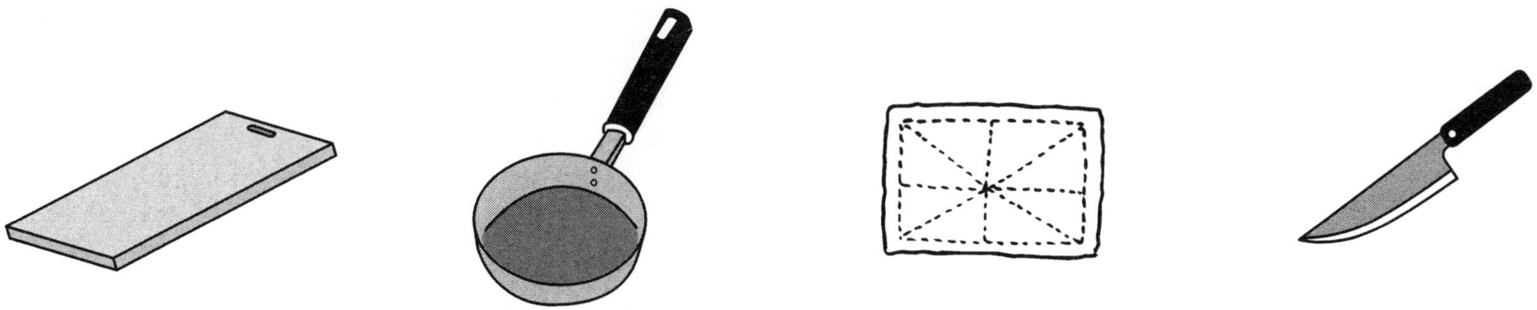

2022 年度 立教女学院 過去 無断複製/転載を禁ずる 日本学習図書株式会社

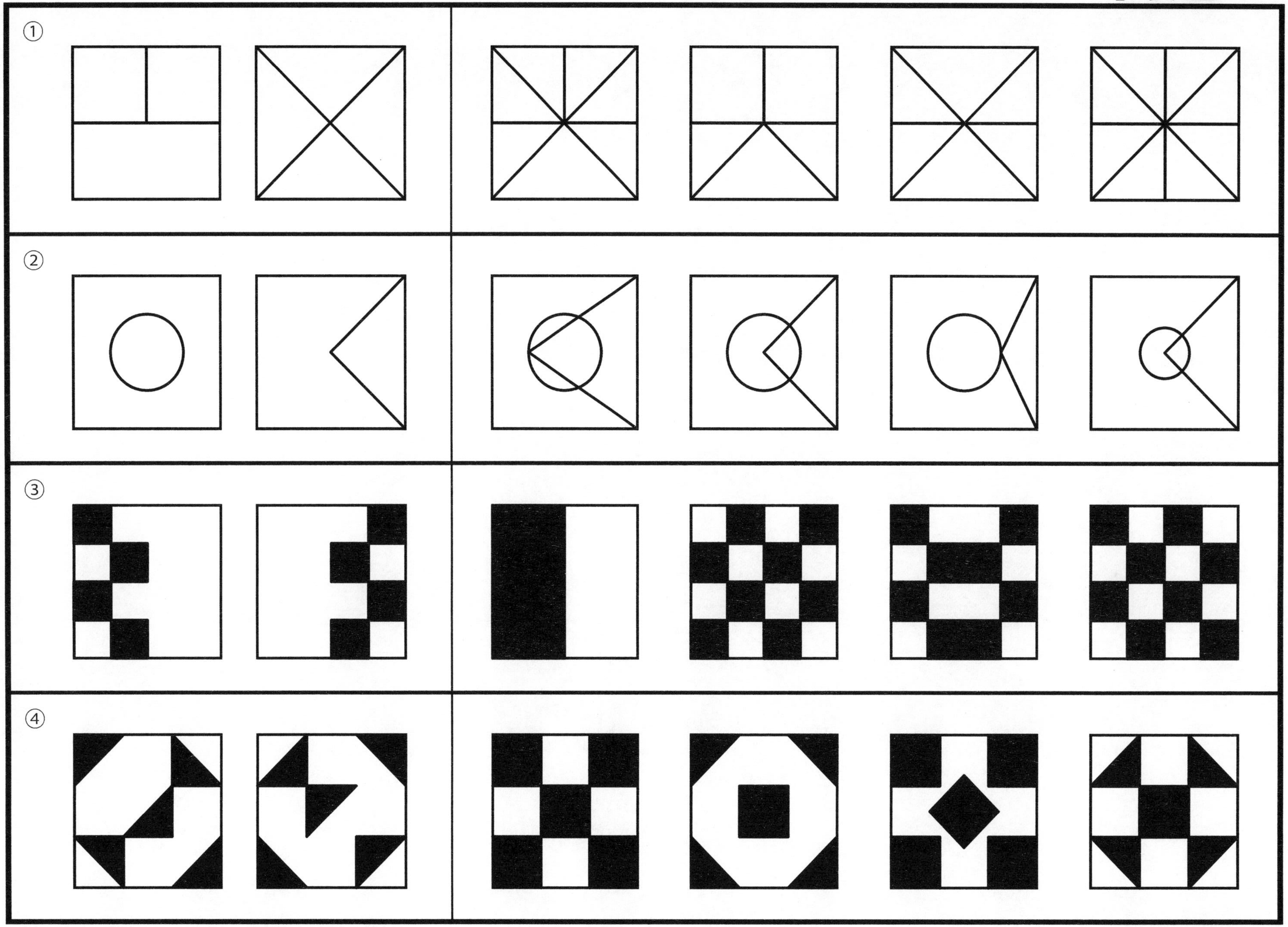

2022 年度 立教女学院 過去 無断複製／転載を禁ずる 日本学習図書株式会社

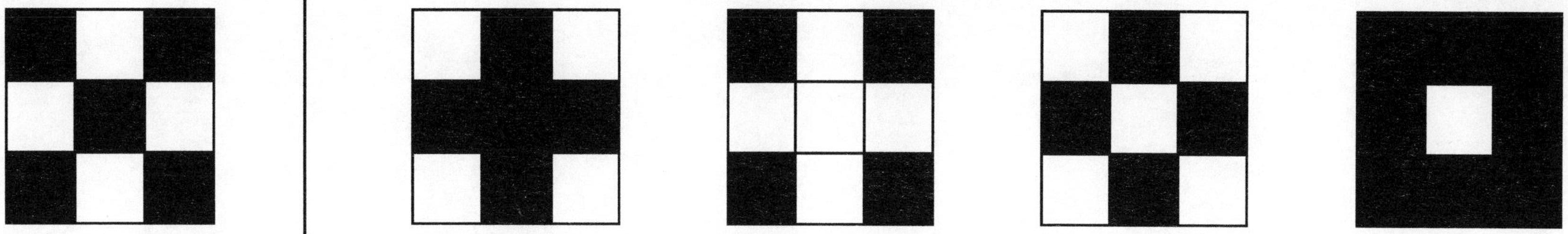

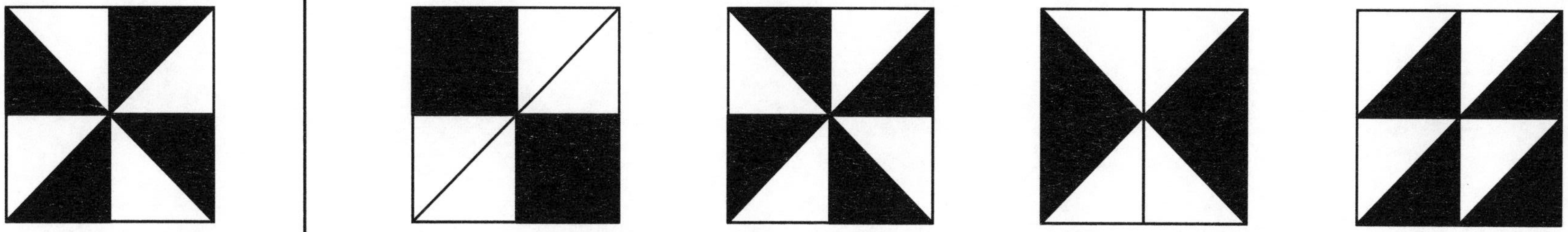

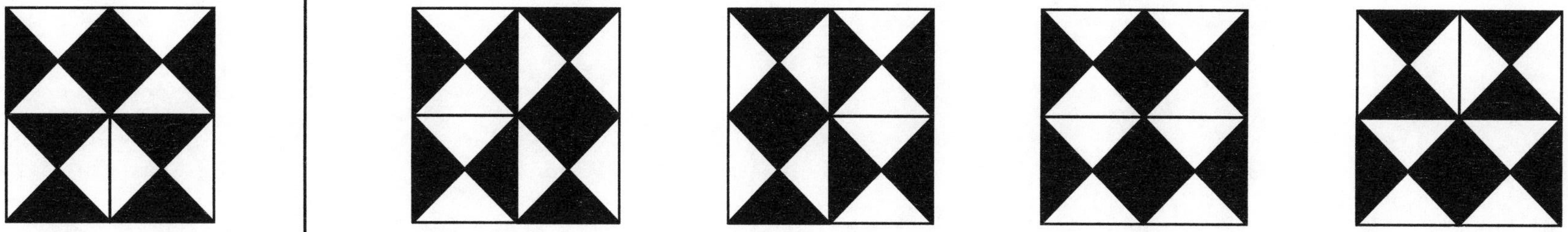

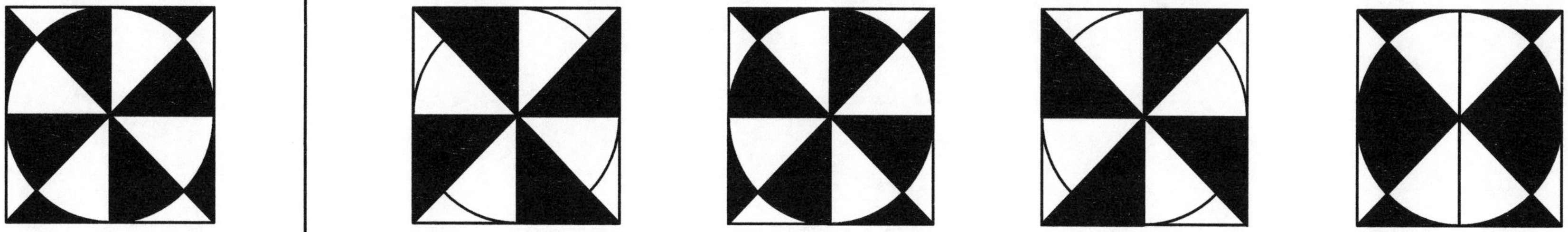

問題9

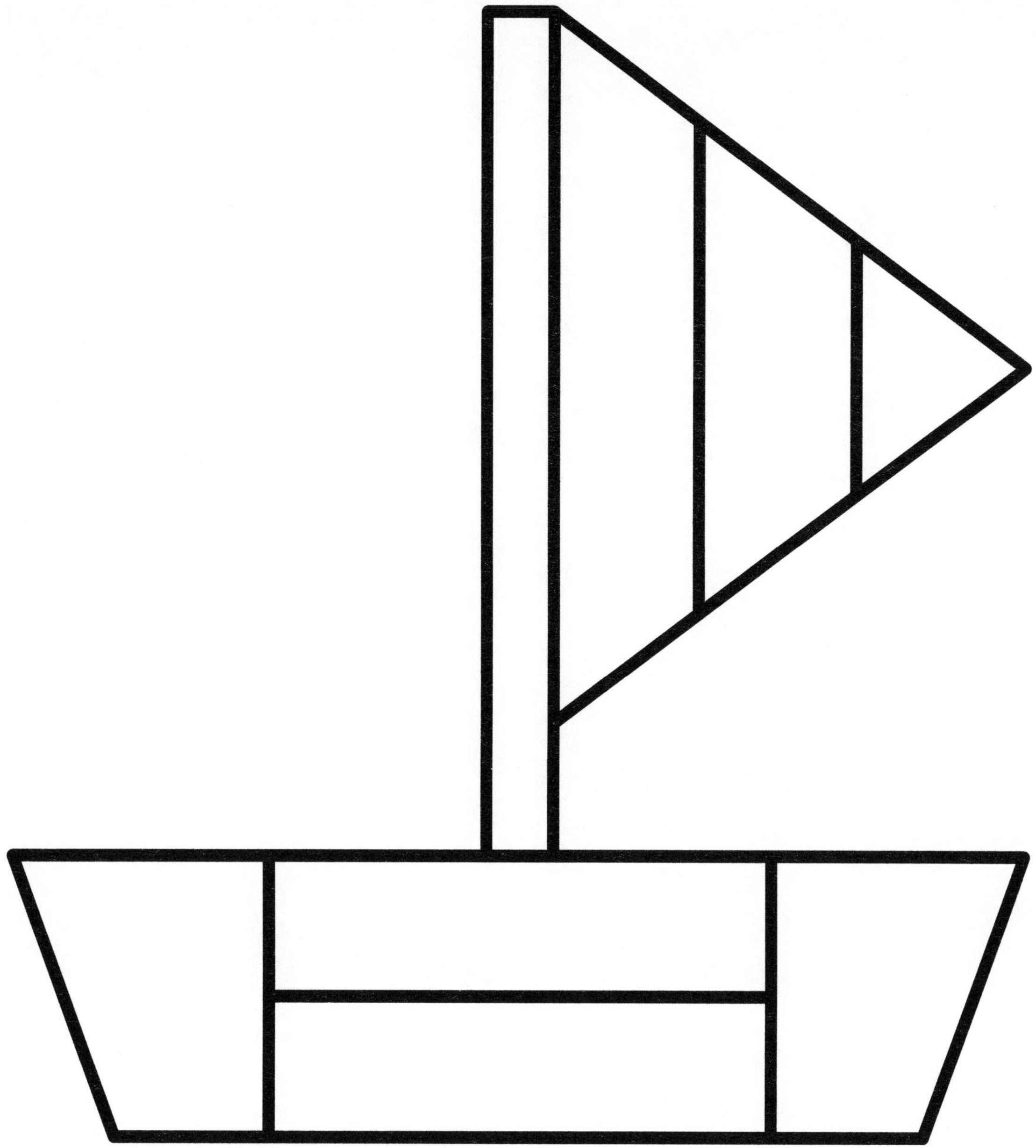

問題１０

①両足ジャンプ

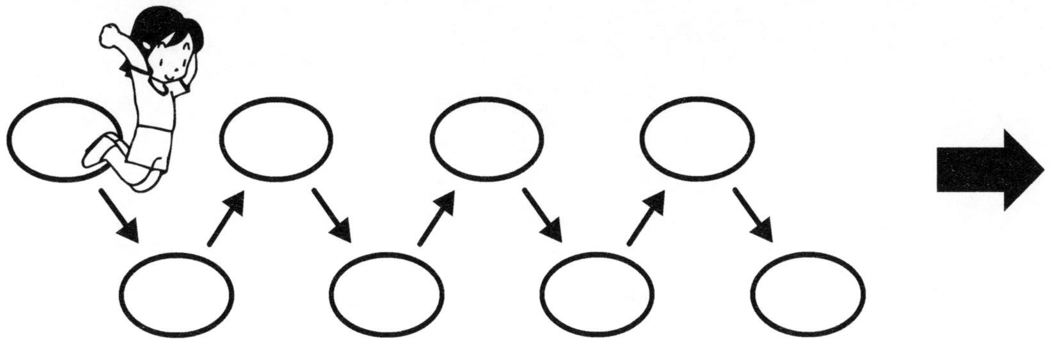

②平均台

③でんぐり返し

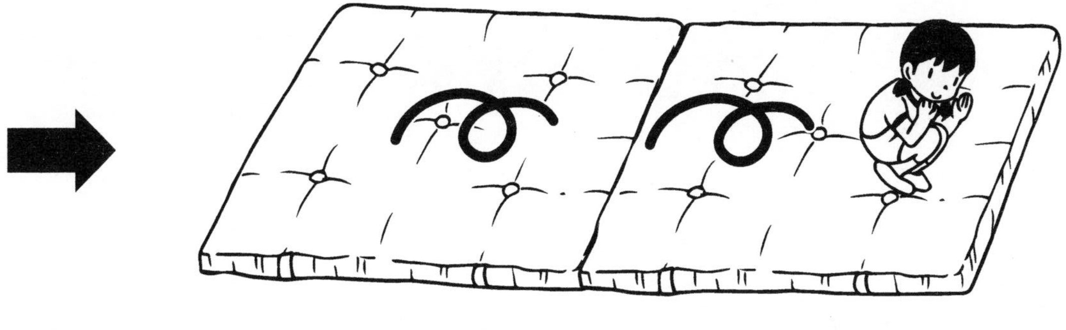

2021年度入試
解答例・学習アドバイス

解答例では、制作・巧緻性・行動観察・運動といった分野の問題の答えは省略されています。こうした問題では、各問のアドバイスを参照し、保護者の方がお子さまの答えを判断してください。

問題1　分野：数量

〈解 答〉　①○：7　②○：7　③○：8　④○：4　⑤右（キキョウ）、○：4

例年出題されている数量の総合問題です。1枚の絵の中にさまざまなものが描かれているので、問題ごとに何を数えなければならないのかを意識する必要があります。また、「数える」「一対多の対応」「たし算・ひき算」「数の多少」といった幅広い数量分野の考え方を知っていないとスムーズに答えられません。1つひとつの問題としてはそれほど難しいものではありませんが、5問すべてが違った考え方で答える問題なので、素早い頭の切り替えも大切になります。当校でよく出題される少し複雑な数量問題は、学校がお子さまに求めている能力を表現したものと言うことができます。ただし、慣れておけば充分に対応できる問題なので、過去問などでしっかりと対策しておきましょう。

【おすすめ問題集】
Ｊｒ・ウォッチャー14「数える」、37「選んで数える」、
38「たし算・ひき算１」、39「たし算・ひき算２」、42「一対多の対応」

問題2　分野：総合（数量、推理）

〈解 答〉　①左端（タヌキ）　②左端（タヌキ）　③左から３番目（サル）
④右端（キツネ）　⑤右から２番目（☆）

例年はお話の記憶が出題されているのですが、今年度は前問と同じような形の総合問題が出題されました。推理分野の問題を中心に、前問以上に幅広い内容になっています。次から次へと違ったタイプの問題をこなしていかなければならないので、ここでも頭の切り替えがポイントになります。家庭学習の際にさまざまな分野の問題をランダムに出題するなどして、こうした形式にも対応できるようにしておくとよいでしょう。1問ごとに問題をよく聞いて、何を問われているのかを理解することも重要になります。総合問題ではありますが、それぞれの問題を5つの別の問題という意識で取り組むのもよいでしょう。

【おすすめ問題集】
Ｊｒ・ウォッチャー14「数える」、15「比較」、50「観覧車」、58「比較②」

問題3　分野：言語（いろいろな言葉）

〈解 答〉　下図参照

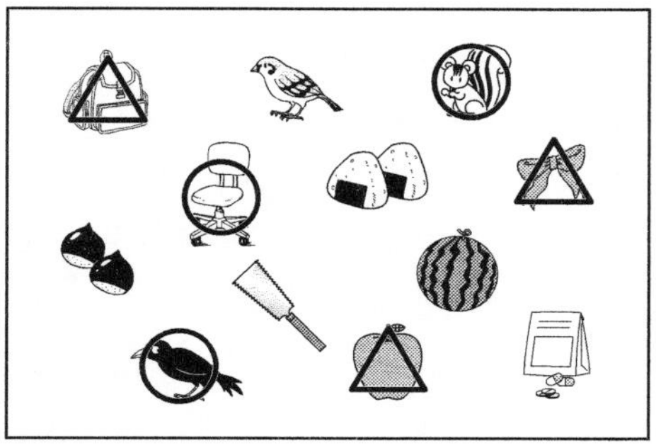

単純な問題のように見えますが、「最後に（最初に）」「○（△）をつける」というように２つの指示が入っています。「問題を最後までよく聞く」というのはよく耳にする言葉だと思いますが、意外と徹底できていないことがあります。問題をしっかり聞いてさえいれば確実に解ける問題なので、しっかりと正解しておきたいところです。もし、本問に出てくる言葉がわからないようであれば、語彙力が不足していると言わざるを得ません。ペーパー学習だけでなく、生活の中でも言葉を学んでいくようにしてください。言語（言葉）はすべての学習の基礎になるものです。しっかりと学習の土台を作っておきましょう。

【おすすめ問題集】

Ｊｒ・ウォッチャー17「言葉の音遊び」、18「いろいろな言葉」、
60「言葉の音（おん）」

問題4　分野：言語（しりとり）

〈解 答〉　①マスク（イノシシ→シカ→かかし→シマウマ→マスク）
②ギター（バラ→ラクダ→ダチョウ→ウサギ→ギター）

本問のような、どこから始めるのかが指定されていないしりとりの場合は、どこでもよいのでまず１つつなげてしまいましょう。そこから広げていく形が効率的な考え方です。基本的には時間をかければ解ける問題なので、解答時間が短めに設定されており、あまり悩んでいる時間はありません。言語の問題ではありますが、音のつながりを見つけることがポイントになります。そうした力はペーパー学習よりも、実際に声に出してしりとりをしていった方が身に付きやすいものです。そうした意味では、ふだんの生活の中でお子さまとしりとりをすることが１番の対策になると言えるでしょう。

【おすすめ問題集】

Ｊｒ・ウォッチャー49「しりとり」

問題5　常識（理科）

〈解 答〉　下図参照

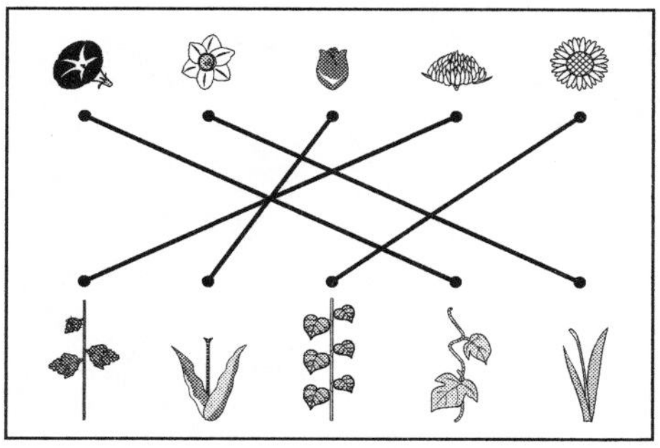

花というと上段にあるいわゆる花弁と呼ばれる部分に注目しがちですが、本問では葉の部分との組み合わせが問われています。ふだん花を見る時に葉っぱに注目することはあるでしょうか。そうした細かな観察力が問われているとも言えます。とは言ってもすべての花を実際に見ることは簡単ではないので、現実的には図鑑やインターネットなどで知識を得ることも必要になります。ちなみに保護者の方は正解できたでしょうか。お子さまに取り組ませるだけでなく、保護者の方も実際に過去問をやってみてください。保護者の方ができないことは、たいていお子さまもできないものです。

【おすすめ問題集】

Ｊｒ・ウォッチャー27「理科」、55「理科②」

問題6　分野：常識（いろいろな仲間）

〈解 答〉　①右端（ヒガンバナ）　②左から２番目（イルカ）
③右から２番目（ぞうきん）

①ヒヤシンス（春）、レンゲ（春）、チューリップ（春）、ヒガンバナ（秋）、②サンマ（魚類）、イルカ（哺乳類）、ヒラメ（魚類）、マグロ（魚類）、③まな板（台所用品）、フライパン（台所用品）、ぞうきん（掃除用品）、包丁（台所用品）という分類になります。こうした知識は日常生活の中で覚えていくのが基本になります。「常識」と呼ばれているように、学校が知っていてほしいと考えている知識なので、しっかりと身に付けておくようにしてください。ふだんの生活の中でも仲間探し（仲間はずれ）を考えさせるような問いかけをしていくことで、お子さまも自然と意識するようになっていきます。

【おすすめ問題集】

Ｊｒ・ウォッチャー11「いろいろな仲間」、12「日常生活」、34「季節」

問題7　分野：図形（重ね図形）

〈解 答〉　①左端　②左から２番目　③右から２番目　④左端

図形問題全般に言えることですが、重ね図形もペーパー学習だけではなかなか身に付かない問題の１つです。重ねるためには図形を動かす必要があります。そうした作業を頭の中で行うことがお子さまには難しいことなのです。図形を頭の中で動かすためには、その動きを実際に目で見ることが大切になります。透明なクリアファイルなどに図形を写して重ねることで、どう重なるのかを実際に見ることができます。そうした過程を目で見ることで重ね図形の理解が深まり、その作業を積み重ねていくことで頭の中で図形を動かすことができるようになります。重ね図形ができないからといって、ペーパー学習だけをしていてもうまくはいきません。

【おすすめ問題集】
Ｊｒ・ウォッチャー35「重ね図形」

問題8　分野：図形（白黒反転）

〈解 答〉　①右から２番目　②左から２番目　③右端　④左から２番目

便宜的に図形分野としましたが、どう考えればよいのか迷ってしまう問題です。白と黒を置き換えるという考え方もできると思いますし、中には感覚的に正解できてしまうお子さまもいると思います。こうした反転の問題はよくありそうな感じもしますが、実際にはあまり見かけない問題です。解き方としては、同図形探しのように図形を部分ごとに分けて判断していくと効率的でしょう。ただ、それほど紛らわしい選択肢があるわけではないので、そうしたことをしなくても正解を見つけることができるでしょう。それほど出題頻度の高い問題ではないので、一度経験しておけば充分と言えるかもしれません。

【おすすめ問題集】
Ｊｒ・ウォッチャー４「同図形探し」

家庭学習のコツ②　「家庭学習ガイド」はママの味方！

問題演習を始める前に、試験の概要をまとめた「家庭学習ガイド（本書カラーページに掲載）」を読みましょう。「家庭学習ガイド」には、応募者数や試験課目の詳細のほか、学習を進める上で重要な情報が掲載されています。それらの情報で入試の傾向をつかみ、学習の方針を立ててから、対策学習を始めてください。

問題9　分野：巧緻性

〈解答〉　省略

制作＋生活巧緻性という例年通りの出題形式です。どちらも難しい課題ではありませんが、指示や作業が複数あるのでしっかりと問題を聞いて取り組むようにしましょう。巧緻性とは呼ばれていますが、指示を守ることが１番の観点と言えるかもしれません。いくらきれいに色が塗れていたとしても模様を描いてしまったら大きなマイナス評価になってしまいます。制作物の出来に○か×かという明確な評価はしにくいですが、指示を守っているかどうかははっきりと判断することができます。巧緻性に限らず、ノンペーパーテストでは結果以上に指示を守るということが大切になることもあるので気を付けておきましょう。

【おすすめ問題集】
実践 ゆびさきトレーニング①・②・③、
Ｊｒ・ウォッチャー23「切る・貼る・塗る」、25「生活巧緻性」

問題10　分野：運動

〈解答〉　省略

運動では課題ができるかできないかよりも、取り組む姿勢が重要と言えます。もちろんできるに越したことはありませんが、できなかったとしてもそれほど大きなマイナス評価になることはありません。運動でのマイナス評価が付くのは、一生懸命取り組まなかったり、できないからといってすぐにあきらめてしまったりすることです。例えば、なわとびがうまく跳べなくても時間いっぱいまで何度もやり直す姿勢を見せることができれば、よい印象を与えることができます。ノンペーパーテストでは、何ができるかを観ているわけではなく、どういう姿勢で取り組んでいるのかを観ているのです。

【おすすめ問題集】
新 運動テスト問題集、Ｊｒ・ウォッチャー28「運動」

家庭学習のコツ③　効果的な学習方法～問題集を通読する

過去問題集を始めるにあたり、いきなり問題に取り組んではいませんか？　それでは本書を有効活用しているとは言えません。まず、保護者の方が、すべてを一通り読み、当校の傾向、ポイント、問題のアドバイスを頭に入れてください。そうすることにより、保護者の方の指導力がアップします。また、日常生活のさまざまなことから、保護者の方自身が「作問」することができるようになっていきます。

問題11　分野：行動観察

〈解 答〉　省略

今年度は考査前の面接時に行動観察が行われました。グループ課題＋自由遊びという形式なので、具体的に何を観るということではなく、お子さまの自然な姿を観たいというねらいが感じられます。行動観察全般に言えることですが、どんな課題が行われたかということはあまり重要ではありません。グループの中で仲良くできるか、自分で考えられるかといった、小学校入学後の姿をイメージして先生は子どもたちを観ています。これまでどう育ってきたのか（育てられてきたのか）というところが観られているとも言えます。つまり、お子さまを通して保護者の方が観られているということです。

【おすすめ問題集】
Ｊｒ・ウォッチャー29「行動観察」

問題12　分野：親子面接

〈解 答〉　省略

例年、面接の前に面接資料（アンケート）の記入が行われていますが、今年度はそれに加えて作文（これもアンケートと呼ばれていたようです）が実施されました。「本校を志望されたのはいつ頃か」（１行程度）、「本校の教育とご家庭の教育方針が合っているのはどんなところか」（Ａ３用紙左側）「お子さまとのエピソード（うれしかったこと、ぐっときたこと、ほっとしたことなど）」（Ａ３用紙右側）と、文字数の指定はなかったようですが、たっぷりとしたスペースが設けられていました。面接の内容に大きな変化はありませんでしたが、作文が加わったので保護者の方はしっかりと準備をしておいてください。

【おすすめ問題集】
新 小学校受験の入試面接Ｑ＆Ａ、家庭で行う面接テスト問題集、
保護者のための面接最強マニュアル

立教女学院小学校　専用注文書

年　　月　　日

合格のための問題集ベスト・セレクション

＊入試頻出分野ベスト３

1st 数　量	2nd 常　識	3rd 言　語
思考力　観察力	知　識　季　節	語彙力　知　識

基礎ができていれば充分に対応できる問題ですが、数量分野の問題は当校独特の出題形式なのでしっかりと対策を立てて学習しておきましょう。ペーパーテストに大きな変化はありませんでした。

分野	書　名	価格(税込)	注文	分野	書　名	価格(税込)	注文
図形	Ｊｒ・ウォッチャー 4「同図形探し」	1,650 円	冊	数量	Ｊｒ・ウォッチャー 37「選んで数える」	1,650 円	冊
常識	Ｊｒ・ウォッチャー 11「いろいろな仲間」	1,650 円	冊	数量	Ｊｒ・ウォッチャー 38「たし算・ひき算 1」	1,650 円	冊
常識	Ｊｒ・ウォッチャー 12「日常生活」	1,650 円	冊	数量	Ｊｒ・ウォッチャー 39「たし算・ひき算 2」	1,650 円	冊
推理	Ｊｒ・ウォッチャー 15「比較」	1,650 円	冊	数量	Ｊｒ・ウォッチャー 42「一対多の対応」	1,650 円	冊
言語	Ｊｒ・ウォッチャー 17「言葉の音遊び」	1,650 円	冊	図形	Ｊｒ・ウォッチャー 46「回転図形」	1,650 円	冊
言語	Ｊｒ・ウォッチャー 17「言葉の音遊び」	1,650 円	冊	言語	Ｊｒ・ウォッチャー 49「しりとり」	1,650 円	冊
言語	Ｊｒ・ウォッチャー 18「いろいろな言葉」	1,650 円	冊	推理	Ｊｒ・ウォッチャー 50「観覧車」	1,650 円	冊
巧緻性	Ｊｒ・ウォッチャー 23「切る・貼る・塗る」	1,650 円	冊	常識	Ｊｒ・ウォッチャー 55「理科②」	1,650 円	冊
巧緻性	Ｊｒ・ウォッチャー 25「生活巧緻性」	1,650 円	冊	推理	Ｊｒ・ウォッチャー 58「比較②」	1,650 円	冊
常識	Ｊｒ・ウォッチャー 27「理科」	1,650 円	冊	言語	Ｊｒ・ウォッチャー 60「言葉の音（おん）」	1,650 円	冊
観察	Ｊｒ・ウォッチャー 29「行動観察」	1,650 円	冊		1 話 5 分の読み聞かせお話集①・②	1,980 円	各　冊
運動	Ｊｒ・ウォッチャー 28「運動」	1,650 円	冊		実践 ゆびさきトレーニング①・②・③	2,750 円	各　冊
常識	Ｊｒ・ウォッチャー 34「季節」	1,650 円	冊		新 運動テスト問題集	2,420 円	冊
図形	Ｊｒ・ウォッチャー 35「重ね図形」	1,650 円	冊		新 小学校受験の入試面接Ｑ＆Ａ	2,860 円	冊

合計	冊	円

（フリガナ） 氏　名	電　話 ＦＡＸ E-mail
住 所　〒　　　－	以前にご注文されたことはございますか。 有　・　無

★お近くの書店、または記載の電話・FAX・ホームページにてご注文をお受けしております。
　電話：03-5261-8951　FAX：03-5261-8953　代金は書籍合計金額＋送料がかかります。
　※なお、落丁・乱丁以外の理由による商品の返品・交換には応じかねます。
★ご記入頂いた個人に関する情報は、当社にて厳重に管理致します。なお、ご購入の商品発送の他に、当社発行の書籍案内、書籍に関する調査に使用させて頂く場合がございますので、予めご了承ください。

日本学習図書株式会社
http://www.nichigaku.jp

2020年度以前の過去問題

問題13　分野：数量（総合）

〈準 備〉　鉛筆

〈問 題〉　問題13－1の絵を見ながら質問に答えてください。
（問題13－2の絵を渡す）

①チョウチョは何羽飛んでいるでしょうか。四角の中にその数の分だけ○を書いてください。
②チョウチョが1羽ずつお花にとまったら、お花とチョウチョのどちらがいくつ多いですか。お花だと思うならば△を、チョウチョだと思うならば○を四角の中にその数の分だけ書いてください。
③リスさんが8つ風船を持っています。いくつか風船は飛んでいき、6つになりました。いくつ飛んでいきましたか。その数の分だけ○を書いてください。
④ネズミさんは何匹いますか。その数の分だけ○を書いてください。
⑤クマさんは、おにぎりを4つ食べました。今は、3つ残っています。クマさんはおにぎりをいくつ持ってきましたか。その数の分だけ○を書いてください。

〈時 間〉　①10秒　②③④各20秒

〈解 答〉　①○：8　②○：2　③○：2　④○：5　⑤○：7

［2020年度出題］

学習のポイント

数量に関してさまざまな切り口で出題されています。この問題では一言で言ってしまえば、「数」というものの理解をし、扱うことができるかということが観点になります。例えば、①や④のような指示されたものを数える問題は、1.指示されたものを見つける、2.正確にその数を計数するという2つの能力が要求されているというわけです。②のような2つのもの（お花、チョウチョ）をセットにして数える、③や⑤のように絵に描かれていない数の変化を答える問題があるので、それらに加えて応用力や指示を理解する能力も試されていると言えるでしょう。観点が多いということはお子さまにとっては、かなり難しく、頭の切り替えも必要な問題です。楽しそうな問題の絵に油断することなく、慎重に取り組むようにしてください。

【おすすめ問題集】

Ｊｒ・ウォッチャー14「数える」、38「たし算・ひき算１」、
39「たし算・ひき算２」、40「数を分ける」、42「一対多の対応」

問題14　分野：お話の記憶

〈準備〉　鉛筆

〈問題〉　お話をよく聞いて、後の質問に答えてください。

ネコさんとネズミさん、ウサギさんは山へ登りにいきます。ネズミさんが急に「あ！」と言い出しました。ネコさんが「どうしたの？」と聞くとお菓子を忘れたと言い、ネズミさんは泣き出してしまいました。ネコさんは「じゃあ、わたしのあげる」とネズミさんにアメを３つあげました。ネズミさんは涙を拭き、ネコさんにお礼を言いました。ウサギさんは「ネコさんが今日のリーダーね！」と言ったので、ネコさんが先頭になり、山の頂上まで登ることにしました。登っている途中、大きなカシの木に、カブトムシがとまっていたので、ネコさんはびっくりして、石につまずいて転んでしまったので泣き出しそうになりました。でもネズミさんが「大丈夫」と心配してくれたので泣きませんでした。頂上へ着くと、ウサギさんも「わたしも何か食べたいな」と言ったので、ネコさんはだんごとドーナツを１つずつあげました。ウサギさんは喜んで、ネコさんにお礼を言いました。するとネズミさんの鼻にトンボがとまったのでみんなで大笑いしました。その後、山から見える景色を少し眺めた後、みんなは下山し始めました。

（問題14の絵を渡す）
①ネコさんがウサギさんにあげたお菓子は何ですか。選んで○をつけてください。
②ネズミさんの鼻にとまったものは何ですか。選んで○をつけてください。
③泣いてしまったのは誰でしょうか。選んで○をつけてください。

〈時間〉　各15秒

〈解答〉　①左端　②左から２番目（トンボ）　③右から２番目（ネズミ）

［2020年度出題］

学習のポイント

お話の長さは450字程度と、小学校受験の「お話の記憶」に使われるお話としては短いものです。質問もすべてお話に沿ったものですから、スムーズに答えられるのではないでしょうか。注意すべきなのは紛らわしい選択肢です。③の「泣いたのはだれですか」という質問では、ネコが選択肢の１つになっています。お話で「ネコさんは泣き出しそうになりました（結局泣かない）」という事柄があるので、よく聞いていないと引っかかってしまいそうです。引っかからないようにするためには、「正確に聞く」のはもちろん、「情報を整理しながら聞く」ことが必要になるでしょう。場面をイメージしながら聞き、「最後にどうなかったたか」までをイメージしてください。この問題で言えば「ネコがつまずいて、泣きそうになったが、ネズミに励まされて泣かなかった」というところまでイメージするようにです。難しそうに聞こえますが、読み聞かせなどでは自然とお子さまも行っていることなので、意識して行うことでステップアップしていきましょう。

【おすすめ問題集】
1話5分の読み聞かせお話集①・②、お話の記憶問題集 初級編・中級編、
Ｊｒ・ウォッチャー19「お話の記憶」

問題15　分野：言語（しりとり）

〈準　備〉　鉛筆

〈問　題〉　しりとりになっているものを線でつないでください。しりとりで使わなかったものに○をつけてください。

〈時　間〉　45秒

〈解　答〉　下図参照

［2020年度出題］

学習のポイント

今回の入試でも「しりとり」の問題が出題されました。ここでの観点は、お子さまの語彙というよりは生活体験かもしれません。というのは、問題で使われている絵のほとんどは生活で使ったり、見たことがあるはずのものだからです。お子さまが間違えてしまうと、そういった体験（教育では「生活体験」と言ったりします）がないと判断されかねません。そういう判断をされないようにお子さまには日々体験をさせ、ものやさまざまなことがらの名前を覚えてもらいましょう。なお、余計なことかもしれませんが、ものの名前や季節の行事は標準的な名称で覚えさせてください。地方や家庭独特の表現だとしりとりが続かないことがあります。

【おすすめ問題集】

Ｊｒ・ウォッチャー17「言葉の音遊び」、18「いろいろな言葉」、
49「しりとり」、60「言葉の音（おん）」

問題16　分野：図形（回転図形）

〈準　備〉　鉛筆

〈問　題〉　左の四角の図形を矢印の方へ１回転させたものを右の四角の中から選んで○をつけてください。

〈時　間〉　１分30秒

〈解　答〉　①右端　②右端　③左端　④右から２番目

［2020年度出題］

学習のポイント

一見複雑に見える「回転図形」の問題です。図形が点の上に載っているので、それも踏まえて回転したらどうなるかを考えなければならないような気がするからです。結論から言えば点の上に載っているからと言って、特に対策をとる必要はないので、素直に１回転（→の方向に90度回す）したものを選択肢から選べばよい、ということになります。方向を意識していれば間違うこともないでしょう。できる限り、実際に紙を回転させたりしないで、頭の中で図形を回転させてください。その様子があまりよくないというのもありますが、その様子を見られて「この子はこういう問題に慣れていない」などと評価されないようにするためです。

【おすすめ問題集】

　　Ｊｒ・ウォッチャー46「回転図形」

問題17　分野：複合（座標の移動、推理思考）

〈準　備〉　鉛筆

〈問　題〉　今からお約束を言います。
そのお約束に従って、動物たちが出会うマスに○を書いてください。
ウサギさんは１回に２マス、クマさんは３マス、ゾウさんは４マス、ブタさんは１マス進みます。

〈時　間〉　30秒

〈解　答〉　下図参照

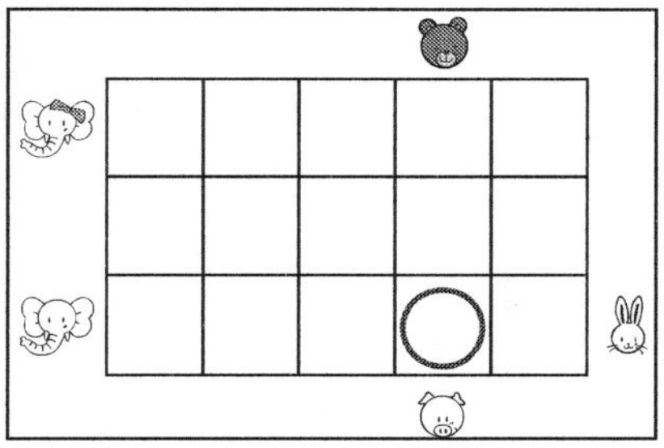

［2020年度出題］

学習のポイント

座標の移動の問題です。複数の動物が階段を上り下りする問題はよく見ますが、このように移動するマスの数と結果だけが示されている問題はあまり見かけません。それはともかく、こうした問題は、①何を聞かれているかを把握する、②答えのルールを見つけるという手順で答えていきましょう。ここで言えば、まず「出会う」ということは「同じマスに移動する」ということを理解します。そして、どの動物にもお約束があるので移動できるマスは限られるということを発見します。最後に、その限られたマスの中で共通するものを選べばそれが答えになると考えるのです。ポイントはどちらのゾウという指示がないことでしょう。お約束の数が１番少ないもの（ブタ）とゾウのお約束を関連付けて見ていくと、正解は出てきます。類題を繰り返して行うと慣れてきて、どちらを動かせばよいのか瞬時に判断できるようになります。

【おすすめ問題集】
　Ｊｒ・ウォッチャー47「座標の移動」

問題18　分野：言語（言葉の音）

〈準備〉　鉛筆

〈問題〉　①同じ音で始まるものを線で結んでください。
②同じ音で終わるものを線で結んでください。
③真ん中の音が同じものを線で結んでください。

〈時間〉　各15秒

〈解答〉　①浮き輪、ウサギ　②クジラ、コアラ　③リンゴ、インコ

［2020年度出題］

学習のポイント

言葉の音の問題です。難しく言えば、言葉が音で構成されているということがわかっているかを観点にしています。もちろんランダムに配置されているそれぞれのものの名前がわかるだけの語彙があることが前提ですが、出題されているものはそれほど難しくないので、その点で戸惑うことはないでしょう。言葉が「あ」「が」といった音で構成されているということがよくわかっていないお子さまには、言葉を一音ずつ区切って言わせてみてください。「くじら」ではなく「く」「じ」「ら」と言わせるのです。何度か繰り返せば言葉が音で構成されていることがわかってきて、こういった問題に対応できるようになるはずです。

【おすすめ問題集】
　Ｊｒ・ウォッチャー17「言葉の音遊び」、60「言葉の音（おん）」

問題19　分野：複合（常識、聴く記憶）

〈準 備〉　鉛筆、音楽再生機器、
　　　　　「たなばたさま」「真っ赤な秋」「たき火」の入った音源

〈問 題〉　（音楽再生機器で「たなばたさま」を流す）
　　　　　①今流れた音楽と同じ季節のものに○をつけてください。
　　　　　（音楽再生機器で「真っ赤な秋」を流す）
　　　　　②今流れた音楽の次の季節のものに○をつけてください。
　　　　　（音楽再生機器で「たき火」を流す）
　　　　　③今流れた音楽と同じ季節のものに○をつけてください。

〈時 間〉　40秒

〈解 答〉　①左端　②右から２番目　③右端

［2020年度出題］

学習のポイント

常識の季節に関する問題です。季節を表す歌詞のある歌を聴き、同じ季節の絵を選ぶという少し変わった問題です。聴く歌は一般的なもので幼稚園の行事などでも歌われるものですから、まったくわからないということはないでしょう。どこかで聴いたことがあるはずです。問題は「たなばたさま」の「ささのはさらさら～」という歌詞を聞いて、七夕と結び付けられるかどうかでしょう。歌は知っていても季節の行事や風物詩（焚き火など）などと結び付けられないと混乱してしまうかもしれません。あまり変わった季節のものは出題されないでしょうが、環境によっては経験しにくいものもあるので、保護者の方がお子さまに知る機会を与えるようにしてください。実体験が難しいようなら映像などでも構いません。

【おすすめ問題集】
　Ｊｒ・ウォッチャー20「見る記憶・聴く記憶」、34「季節」

問題20　分野：運動

〈準 備〉　マット（２枚）、ボール（ドッジボール）、テープ

〈問 題〉　この問題の絵はありません。
　　　　　①ダッシュでマットまで行き、タッチして戻ってきてください。
　　　　　②頭の上で手を叩きながらマットまでスキップし、マットで前転を２回したら振り返り、前転を２回して戻ってください。そのあと、また頭の上で手を叩きながら最初の位置に戻ってください。
　　　　　③お友だちとキャッチボールを６回してください。次に×と×の間をギャロップで進んでください。最後キャッチボールを同じようにしてゴールしてください。

〈時 間〉　適宜

〈解 答〉　省略

［2020年度出題］

学習のポイント

本年度の当校の運動の課題は「ダッシュ」から、「前転を２回して頭上で手を叩きながら走る」「キャッチボール」といったものまで、さまざまなレベルで用意されています。アスリートを養成するための入試ではないので、必ずしもすべてこなせなくても気にすることはありません。第一に評価されるのは「指示の理解」です。何が課題になっているかを理解して、年齢相応に実行できればほとんど問題はないです。積極的な姿勢、態度、協調性などおさえておいた方がよいでしょう。評価のポイントはほかにもありますが、余程でなければ致命的な評価は受けません。お子さまには「先生の言うことをよく聞いて、一生懸命やりなさい」といったアドバイスをして、試験に送り出してあげましょう。

【おすすめ問題集】
新 運動テスト問題集、Ｊｒ・ウォッチャー28「運動」

問題21 分野：行動観察

〈準 備〉 フープ

〈問 題〉 ※あらかじめ赤・黄色・緑グループ（各グループ５人程度）に分かれます。
（問題21の絵を見せる）
①今から先生がポーズをします。
そのポーズが何を表しているのか、お友だちと絵を見て相談してください。
わかったら先生にも教えてください。
（赤・黄色・緑チームに分かれます）
②みんなで１つの大きな円になります。
音楽が鳴り始めたら、フープを回しながら運んでください。
音楽が鳴りやんだ時にフープを持っていたグループの負けです。
※先生の指示に「速く」「逆」などがあります。
③先生が指示した動物のものまねをしてください。また、好きな動物のものまねもしてください。
※指示には「トリ」「キリン」などがありました。

〈時 間〉 適宜

〈解 答〉 省略

［2020年度出題］

学習のポイント

本年度も行動観察の課題は出題されました。グループになって、いっしょに体を動かしたり、話し合ったりするということは例年と変化はありません。ここで大切になるのは「協調性」です。ほかのお友だちの意見を聞いたり、自分の意見を伝えることができるかどうかです。役割分担などはほかのお子さまに「あなた～をして」と言うよりは、「私は～をしていいですか」と一歩下がった形で話した方がうまくいくでしょう。②のような競う課題も協調性を重視して取り組んでください。勝敗があっても、結果はほとんど評価されません。③の問題は、指示を守って恥ずかしがらずに行えれば、特に問題ありません。当たり前の話ですが、動物のまねが上手だからといって合格するわけではないからです。

【おすすめ問題集】
新 口頭試問・個別テスト問題集、新 ノンペーパーテスト問題集

問題22　分野：巧緻性

〈準 備〉　エプロン、カップ、お皿、スーパーボール（３個）、木のビーズ（５個）、ひも（黄色、１本、10cm程度）、透明の丸いビーズ（２個）、お箸
※スーパーボール、木のビーズ、ひも、透明の丸いビーズは、カップの中に入れておく。
※あらかじめ問題22-１の絵を点線に沿って切っておく。

〈問 題〉　この問題は絵を参考にしてください。
①エプロンのひもを後ろでちょう結びにしてください。
（問題22-１の絵の☆側を渡す、☆が描かれている方の裏側を使う）
②好きなくだものの絵を描いてください。
（問題22-１のもう１つの絵を渡す）
③この絵の黒い枠の線の真ん中を切ってください。切り取ったら、カップの中へ入れてください。
（問題22-２の絵を見せる）
④この絵を見本にして机の上をこの状態にしてください。その時に、カップの中のものはお箸を使って、お皿に移してください。
⑤移し終えたら、エプロンを外し、たたんで置いてください。

〈時 間〉　15分程度

〈解 答〉　省略

［2020年度出題］

学習のポイント

巧緻性の課題です。「エプロンのひもを（背中で）ちょう結び」「細々としたものを箸を使って指定の場所に移動させる」といったかなりのレベルの内容です。さすがここまでの課題となると、練習をしておかないと難しいかもしれません。とは言え、わざわざ「練習」として行うのではなく、お手伝いをする時にエプロンを着て、食事の時に細かいものを箸を使って移動させればよいのです。保護者の方はその様子を見て「あれが違う」「これがよくない」と文句をつけるのではなく、「こうすればよい」とその動きを見せながらアドバイスをするようにしてください。決して代わりにやってあげてはいけません。

【おすすめ問題集】
実践 ゆびさきトレーニング①・②・③、Ｊｒ・ウォッチャー25「生活巧緻性」

問題23　分野：親子面接（口頭試問）

〈準　備〉　なし

〈問　題〉　【父親へ】
・家から駅まで徒歩何分ですか。
・お子さまはどのような性格ですか。
・お子さまのどのようなところが当校に合うと思いますか。
・お子さまとの生活で、どのような時に幸せを感じますか。
・本校の教育プログラムについてどのように思われますか。
・あなたの仕事内容を具体的に説明してください。
（願書に記入したことについて）
・（趣味にキャンプと記載した場合）昔からキャンプへはよく行くのですか。
・最近訪れたキャンプ場はどこですか。

【母親へ】
・子育ては大変だと思いますが、どのように息抜きをしていますか。
・あなたは働いていますか。
・お子さまはアレルギーをお持ちですか。
（願書に記入したことについて）
・（チアと記載した場合）チアを始めたきっかけは何ですか。

【志願者へ】
・お名前を教えてください。
・何歳ですか。
・幼稚園の名前を教えてください。
・幼稚園では何をして遊ぶのが好きですか。
（問題23の絵を見せる）
・女の子はどうして困っていると思いますか。

〈時　間〉　5分程度

〈解　答〉　省略

［2020年度出題］

学習のポイント

基本的には「両親＋志願者」と「面接官２人」で考査日の前に行われるのが当校の面接です。内容としては両親には志望動機や就労の有無、教育方針といったもの、お子さまには幼稚園、お友だちの名前といったものです。一般的な小学校入試の面接と言ってよいでしょう。食い違わないように事前に打ち合わせをした方がよいですが、特別な準備することはありません。緊張しないようにしてください。なお、志願者に絵を見せ、それを見てどう思うか、と聞く質問があったそうです。場の雰囲気もあるのでお子さまは答えづらかったかもしれません。できれば事前にそういう質問があることをお子さまに伝えておき、ふだん通りに話すようにアドバイスしておきましょう。どうしても不自然になるので答えの準備はしない方がよいと思います。

【おすすめ問題集】
新 小学校受験の入試面接Ｑ＆Ａ、家庭で行う面接テスト問題集、
保護者のための面接最強マニュアル、新 口頭試問・個別テスト問題集、
Ｊｒ・ウォッチャー21「お話作り」

問題24　分野：数量（数える、ひき算、座標の移動）

〈準備〉　鉛筆

〈問題〉　**問題24－1の絵は縦に使用してください。**
（問題24－1、問題24－2の絵を渡す）
問題24－1の絵を見て質問に答えてください。
①ハチは何匹飛んでいるでしょうか。四角の中にその数の分だけ○を書いてください。
②飛んでいる気球のうち3つ降りてきました。今、飛んでいる気球はいくつでしょうか。四角の中にその数の分だけ○を書いてください。
③後ろから2番目に乗っているゾウさんが、ブタさんの前に移動しました。今、前から6番目に座っている動物は誰ですか。選んで○をつけてください。
④今、後ろから3番目に座っている動物は誰ですか。選んで○をつけてください。

〈時間〉　①10秒　②③④各20秒

〈解答〉　①○：9　②○：5　③真ん中（ウサギ）　④右端（ニワトリ）

［2019年度出題］

学習のポイント

例年出題されている、数量に関しての総合的な問題です。ここ数年、ほぼ同内容の問題が必ず出されているので、万全の対策をとっておく必要があります。とは言え、難しい問題ではないので、過去問を中心に繰り返し学習をしておけば問題ありません。こうしたパターンの出題が必ずあるということを覚えておきましょう。本問に限らず、当校の入学試験全般に言えることですが、いわゆる難題というものはあまり多くありません。基礎的な学習をしっかりしておけば、充分に対応できる問題です。ということは、ミスが許されないとも言えるので、出題傾向をしっかりと把握して、苦手分野をなくしていくことが重要になってきます。幅広い学習を心がけ、基礎学力アップを目指していきましょう。

【おすすめ問題集】
Ｊｒ・ウォッチャー14「数える」、38「たし算・ひき算1」、39「たし算・ひき算2」、47「座標の移動」

問題25　分野：お話の記憶

〈準備〉　鉛筆

〈問題〉　お話をよく聞いて、後の質問に答えてください。

公園に遊びに行くために、動物たちは駅で待ち合わせをしています。はじめに降りてきたのはタヌキさんです。その後、クマさんとサルさんが降りてきました。３人で待っていると、しばらくしてウサギさんもやってきました。みんな揃ったので、公園に向けて出発します。
仲良く歩いていると大きな公園に着きました。早速、クマさんとタヌキさんはブランコで、サルさんとウサギさんは砂場で遊び始めます。遊んでいると、ブランコにあきてしまった２人は、それぞれ別々に遊ぶことにしました。クマさんはすべり台、タヌキさんはのぼり棒で遊び始めました。サルさんとウサギさんは、ずっと砂場で大きなお城を作っています。
お昼になったので、お弁当を食べることにしました。するとクマさんが「急いでいたからお弁当を忘れちゃった」と、泣き出しそうな顔で言いました。ほかの３人はそれぞれお弁当を分けてあげることにしました。ウサギさんはサンドイッチ、サルさんはおにぎり、タヌキさんはウインナーをあげました。クマさんはみんなにお礼を言いました。これでみんな仲良く食べることができます。
お弁当を食べた後も公園で遊び続け、気が付けばもう夕方です。みんないっしょに帰ることにしました。タヌキさん、クマさん、サルさんは電車で、ウサギさんはお家が近くにあるので歩いて帰ります。「また遊ぼうね」とみんなで約束をして、それぞれのお家に帰っていきました。

（問題25の絵を渡す）
①すべり台で遊んでいたのは誰でしょうか。選んで○をつけてください。
②お弁当を忘れたのは誰でしょうか。選んで○をつけてください。
③おにぎりをあげたのは誰でしょうか。選んで○をつけてください。
④歩いてお家に帰ったのは誰でしょうか。選んで○をつけてください。

〈時間〉　各15秒

〈解答〉　①真ん中（クマ）　②真ん中（クマ）　③左から２番目（サル）
④左端（ウサギ）

［2019年度出題］

学習のポイント

お話自体シンプルで、流れもつかみやすく、「お話の記憶」の基本とも言える内容です。問題もすべて「○○したのは誰でしょうか」という、すべてお話の中に出てくるものばかりなので、確実に正解しておかなければならないでしょう。もし、ここでつまずいてしまっているようなら、保護者の方がその原因を見つけてあげましょう。原因は「お話が理解できない」「お話を覚えられない」「お話を聞いていない」などです。ちなみに、そのすべてを解決する方法があります。それは「読み聞かせ」です。当たり前のことすぎて拍子抜けしてしまったかもしれませんが、何度も読み聞かせをしてあげることで、まず「聞く」ことができるようになり、「理解」できるようになり、「記憶」できるようになるのです。はじめは聞いているだけでもＯＫです。少しずつ長いお話にしたり、質問をしたりというようにステップアップしていきましょう。

【おすすめ問題集】
1話5分の読み聞かせお話集①・②、お話の記憶問題集 初級編・中級編、
Ｊｒ・ウォッチャー19「お話の記憶」

問題26　分野：言語（しりとり）

〈準備〉　鉛筆

〈問題〉　上から下までしりとりでつながるように、それぞれの四角の中から絵を選んで○をつけてください。

〈時間〉　①30秒　②45秒

〈解答〉　下図参照

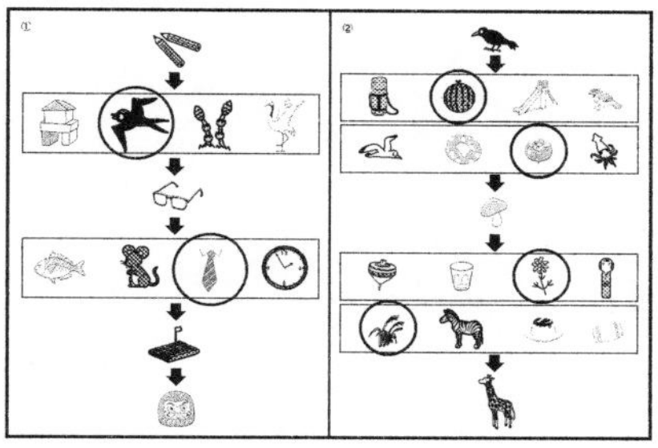

［2019年度出題］

学習のポイント

小学校入試のしりとりは、文字や言葉ではなく、絵をつなげていくことがほとんどなので、まずその絵が何を表しているのかがわからないと問題を解くことができません。絵が何を表しているのか理解していることは、しりとり以前の知識として必要なものになります。出題の形式としては、しりとりの途中が空欄になっていたり、いくつかの選択肢の中から選ぶという形がよく見られます。そこで必要になるのが頭音（とうおん）と尾音（びおん）という知識になります。少し難しい用語になってしまいますが、言葉のはじめの音を頭音、最後の音を尾音と言います。その尾音と頭音をつなげていく遊びがしりとりです。言葉で説明すればこういうことなのですが、多くのお子さまは体験的にしりとりを知っていると思うので、こうした理屈は教える必要はないでしょう。ただ、たくさんの言葉を知っていることは、しりとりに限らずさまざまな場面でメリットがあるので、身に付けさせておいてほしい知識と言えます。

【おすすめ問題集】

Ｊｒ・ウォッチャー17「言葉の音遊び」、18「いろいろな言葉」、49「しりとり」、60「言葉の音（おん）」

問題27　分野：図形（合成）

〈準 備〉　鉛筆

〈問 題〉　左の四角の中の形を４つ使ってできる形を右の四角の中から選んでください。
ただし、形を裏返すことはできますが、重ねることはできません。

〈時 間〉　１分30秒

〈解 答〉　①左端　②右端　③右から２番目　④右から２番目

［2019年度出題］

学習のポイント

４つの同じ形が規則的に並ぶ形なので、さほど迷わずに正解できるかもしれませんが、④に関しては、少し頭をひねらないと間違えてしまいがちです。パッと見て左から２番目を選んでしまいそうですが、正解は右から２番目です。正解と言われた後でも、「？」と思ってしまう方もいるでしょう。こうした問題こそ、頭の中ではなく、実際に手を動かしてやってみることが重要になってきます。簡単な例で言うと、「同じ形の三角形を２つ合わせると四角形になる」ということは理屈ではなく、感覚的にわかっていることだと思います。そうした感覚を養うためには、本問をコピーして切り取るなどして、実際に手を動かしながら学習するという方法が効果的です。実際に体験することで、それぞれの形の持つ規則性が理解できるようになり、試験においては直感的に解答を見つけることができるようになるので、解答時間の短縮にもなります。

【おすすめ問題集】

Ｊｒ・ウォッチャー３「パズル」、９「合成」、45「図形分割」、
54「図形の構成」

問題28　分野：図形（四方からの観察）

〈準備〉　鉛筆

〈問題〉　（問題28－１、問題28－２の絵を渡す）
問題28－１の絵を見て質問に答えてください。
真ん中にある四角を動物たちが見ています。
①左の形はどの動物から見た形でしょうか。右の四角の中から選んで○をつけてください。②も同じように○をつけてください。
③ネコから見た時、形はどのように見えているでしょうか。同じ形になるように記号を書いてください。

〈時間〉　①②各20秒　③１分

〈解答〉　下図参照

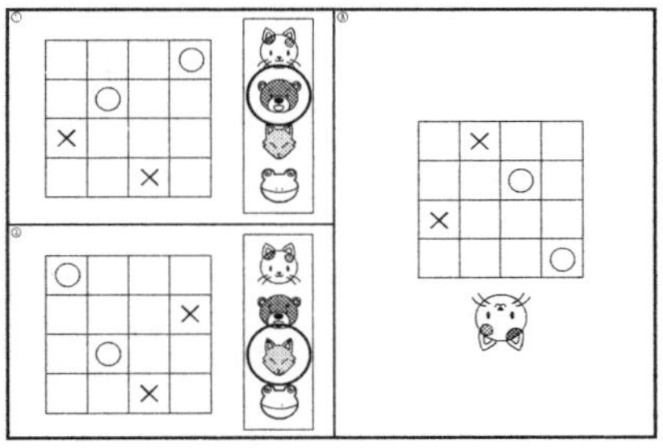

［2019年度出題］

学習のポイント

平面での四方からの観察という、当校以外ではあまり見ることのない出題です。形式は四方からの観察ですが、内容としては回転図形の問題とも言えます。ただ、単純に図形を回転させるのではなく、マス目に書かれている記号もいっしょに回転し、位置が変わるという「座標」の要素も含まれているので、少し複雑にはなります。しかし、図形に書かれている記号もそれほど多くなく、１つひとつ確認しながら進めていけば確実に正解できる問題とも言えます。なお、座標の回転の解き方としては、特徴的な部分がどこに移動したかを見るというものがあります。本問で言うと、角にある○に注目するとわかりやすいかもしれません。角の○がどこにあるのかで、どの動物から見たものかがわかります。特徴的な部分を見つけ、そこを手がかりにして誰から見た形なのかを判断していきましょう。

【おすすめ問題集】
Ｊｒ・ウォッチャー10「四方からの観察」、46「回転図形」

問題29　分野：常識（理科）

〈準備〉　鉛筆

〈問題〉　左の四角の中の絵を線のところで切ると、切ったところはどのように見えるでしょうか。右の四角の中から選んで○をつけてください。

〈時間〉　各15秒

〈解答〉　①左から２番目　②右から２番目　③右から２番目

［2019年度出題］

学習のポイント

こうした常識問題は、知らなければ解くことができないので、毎日の積み重ねの中で少しずつ知識を蓄えていくことが大切です。常識問題全般に言えることですが、できるだけ生活の中で知識を身に付けていくことが理想と言えます。暗記や詰め込みといった形になると、お子さまにとってはどうしても「やらされている」という意識になってしまいます。あくまでも常識は自然と身に付いていくもので、教え込むものではありません。本問のような問題は生活の中で、お子さまに本物を見せてあげることができます。頭ではなく体験として感じることができ、食事のお手伝いが学習にもつながっていきます。お子さまが学びを得る機会は日常の中にたくさんあるので、そうしたところから少しずつ知識の幅を広げていきましょう。

【おすすめ問題集】

Ｊｒ・ウォッチャー27「理科」、55「理科②」

問題30　分野：常識（季節・日常生活）

〈準備〉　鉛筆

〈問題〉　上の絵と関係あるものを下から選んで、それぞれを線でつないでください。

〈時間〉　40秒

〈解答〉　下図参照

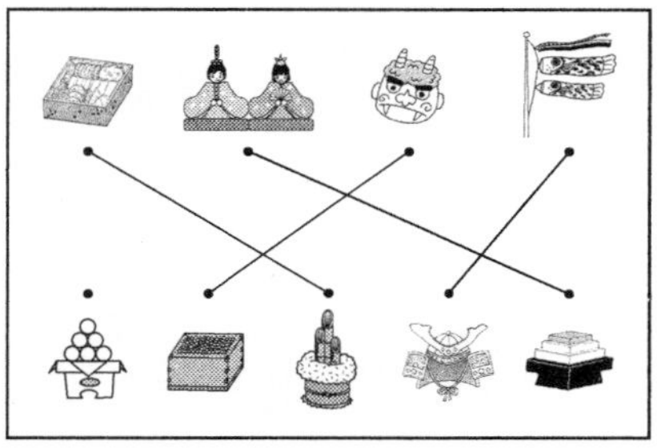

［2019年度出題］

学習のポイント

本問にあるような行事を実体験するということは、最近ではあまり多くはないのかもしれません。とは言っても、小学校受験においては、こうした季節行事の問題は多くの学校で出題されています。つまり、保護者の方はこうした季節行事があることをお子さまに教えてあげる必要があります。そうした時に気を付けてもらいたいのが、絵や言葉だけではなく、その意味や同じ季節のほかの行事、その季節に咲く花など、関連したものもいっしょに学ぶことです。さまざまなものを関連付けることで、記憶の定着にもつながり、知識もより深くなっていきます。本格的にすることは難しいかもしれませんが、お子さまといっしょに、折り紙でおひなさまやこいのぼりを作ったりしながら、行事を疑似体験してみるのもよいでしょう。

【おすすめ問題集】

Ｊｒ・ウォッチャー12「日常生活」、34「季節」

問題31　分野：言語（言葉の音、いろいろな言葉）

〈準備〉　鉛筆

〈問題〉　①四角の絵の中で名前に同じ音が２つ入っているものはどれでしょうか。選んで○をつけてください。
②四角の絵の中で「かけたり、きったり」できるものはどれでしょうか。選んで○をつけてください。
③四角の絵の中で「さしたり、とじたり」できるものはどれでしょうか。選んで○をつけてください。

〈時間〉　①30秒　②③各15秒

〈解答〉　下図参照

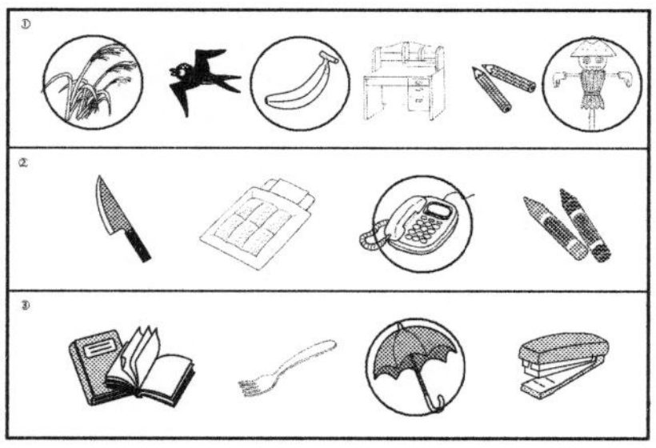

［2019年度出題］

学習のポイント

①正解は１つとは限らないので、問題をよく聞いてから解答しましょう。②③例題として、カーテンは「開けたり、閉めたり」できます、というようにお手本が示されました。このように、問題の意味がわかりにくそうなものには、はじめに例題が示されることがあります。ものの名前ではなく動作を表す言葉なので、絵を見せて言葉を覚えるというような学習ではなく、日々の暮らしの中で教えてください。言葉自体は日常的によく使うものではありますが、もしかすると固定型の電話は、家で使っていないという家庭もあるかもしれません。そのような時は「こういう形の電話もある」ということを教えてください。また、こうした対になる言葉が、ほかにはないかお子さまに質問してみるのもよいでしょう。すぐに役立つ知識ではないかもしれませんが、やがては大きな積み重ねになっていきます。

【おすすめ問題集】

Ｊｒ・ウォッチャー17「言葉の音遊び」、18「いろいろな言葉」、
60「言葉の音（おん）」

問題32　分野：常識（理科）

〈準　備〉　鉛筆

〈問　題〉　①左の生きものが住んでいるところはどこでしょうか。右から選んで、それぞれを線でつないでください。
②四角の中で、卵を産む生きものはどれでしょうか。選んで○をつけてください。

〈時　間〉　各１分

〈解　答〉　下図参照

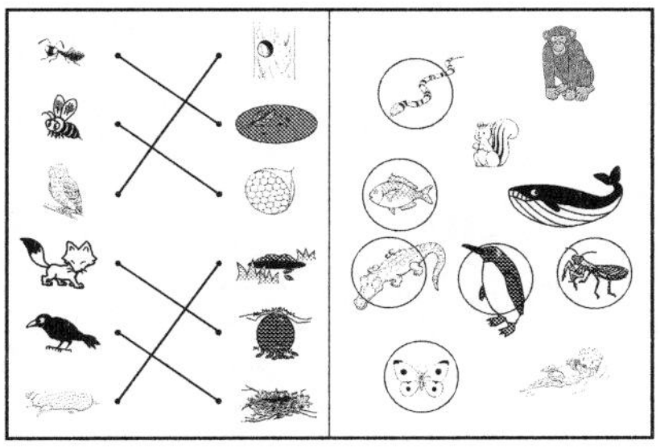

［2019年度出題］

学習のポイント

ここに描かれている生きものの名前は、特別な学習をしなくても、おおよそ知っていると思います。ただ、その生きものがどこに住んでいるのか、卵を産むかどうかというというところまでは、積極的に学ぼうとしなければわかりません。もう一歩踏み込んだ知識があるかどうかという部分が、本問では問われているのです。言い換えれば、知的好奇心を持っているかどうかということです。受け身ではなく、自らが学ぶ姿勢を持っているかどうかは、小学校に入学してからも必要になってくる重要な資質です。そうしたところを観るという意味も、本問には含まれていると考えてもよいでしょう。興味や関心を持つということは、学習をより深めていく絶好のチャンスです。動物に関心があるならば、動物園に行ったり、図鑑を見せてあげるようにして、お子さまの学ぼうとする意欲を伸ばすようなサポートをしてあげてください。

【おすすめ問題集】

Ｊｒ・ウォッチャー27「理科」、55「理科②」

問題33　分野：お話の記憶

〈準備〉　鉛筆

〈問題〉　今日はゾウさんの誕生日です。クマさんのレストランでお誕生日会があるので、ウサギさんはネコさんといっしょに行くことにしました。ネコさんのお家には車が置いてあります。ウサギさんは、まずネコさんのお家に行きます。その後、ネコさんといっしょにプレゼントを買うために花屋さんに寄ってからレストランに向かいました。お誕生日会が終わり、ウサギさんはレストランの前でネコさんにお別れをして、来た時とは別の道で帰ることにしました。その時、お手紙を出すのを思い出したウサギさんは、レストランから１番近いポストで手紙を出して、お家に帰りました。

①ウサギさんがネコさんのお家に行く途中で右側に見えるものは何でしょうか。四角の中から選んで○をつけてください。
②ウサギさんはネコさんの家に着くまでに何回左に曲がったでしょうか。四角の中にその数だけ○を書いてください。
③ウサギさんが手紙を出したポストは、どのポストでしょうか。地図の中から選んで○をつけてください。
④ウサギさんがレストランからお家に帰るまでに何回信号を渡ったでしょうか。四角の中にその数だけ○を書いてください。

〈時間〉　①15秒　②20秒　③15秒　④20秒

〈解答〉　①左から２番目（噴水）　②○：３　③下図参照　④○：４

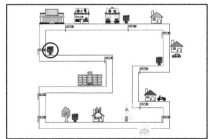

［2019年度出題］

学習のポイント

地図を使ったお話の記憶という、当校独特の問題です。地図を使うこと以外は、オーソドックスなお話の記憶ですが、ウサギさんの視点でお話が進み、問題もすべてウサギさんが何をしたかが問われているところが特徴と言えます。地図がある分、通常のお話の記憶より簡単に感じられるかもしれません。自分がこの地図の上で、どこにいて何をしているのかということをイメージしながら進めていくことで、問題も解きやすく、地図の読み方もわかってくるようになります。小学校に入学したら、１人で通学しなくてはいけません。そうした意味では、地図に慣れて、それを使って行動してほしいという意図が、この出題に込められていると考えられます。

【おすすめ問題集】
　１話５分の読み聞かせお話集①・②、お話の記憶 初級編・中級編、
　Ｊｒ・ウォッチャー19「お話の記憶」

問題34　分野：巧緻性（運筆・制作）

〈準備〉　クーピーペン（12色）

〈問題〉　黒のクーピーペンで、かばんの点線をなぞります。次に、黒のクーピーペンで、傘の絵の隣に同じ絵を描いてください。最後に、ドレスを好きな色のクーピーペンで塗りましょう。ただし、模様を描いてはいけません。

〈時間〉　10分程度

〈解答〉　省略

［2019年度出題］

学習のポイント

まず、問題をよく聞きましょう。そして、指示を守って課題に取り組むことが大切なポイントです。もちろん制作問題ですので、出来上がったものに差はあるかもしれませんが、それよりも話をしっかり理解できているかどうかの方が小学校入試では重視される傾向にあります。本問で言えば、「かばんの点線をなぞる」「傘の絵を描く」「ドレスを塗る」という順番が指示されています。その後で「模様を描いてはいけません」という注意事項も加わります。完成度というのは、こうした指示にしたがった上での話になります。結果だけではなく、過程も観ているのです。むしろ、「過程だけ」と言った方がより近いかもしれません。保護者の方は、個別テストとはそういう観られ方をしているものだということを覚えておいてください。

【おすすめ問題集】
　実践 ゆびさきトレーニング①・②・③、
　Ｊｒ・ウォッチャー23「切る・貼る・塗る」、51「運筆①」、52「運筆②」

問題35　分野：巧緻性（ひも通し）

〈準 備〉　くつひも
※あらかじめ絵を四角の線で切り離し、くつひもを通す穴を開けておく。

〈問 題〉　①見本の通りにくつひもを穴に通してください。
②通し終わったら、ちょう結びをしてください。

〈時 間〉　５分程度

〈解 答〉　省略

［2019年度出題］

学習のポイント

裏側の見本も示されているということは、当然ですが裏側も見本通りにひもを通さなければいけません。ひもが交差する部分は、どちらのひもが上になるのかというところまで、気を配りましょう。一般的なひも通しの場合は１本のひもを穴に通していく形ですが、くつひもの場合は、まずひもを半分の長さに折って、つま先の２つの穴にそれぞれ通し、交差しながら穴に通していくという作業になります。ひもの両端を使い、その両端をほぼ同時進行で穴に通していかなければいけません。保護者の方が思っている以上にお子さまにとっては難しい作業になると思います。ですので、少し長い目で見守ってあげてください。覚えてしまえば、再現するのは難しいことではないので、一歩一歩ステップアップできるようにサポートしてあげましょう。

【おすすめ問題集】
実践 ゆびさきトレーニング①・②・③、Ｊｒ・ウォッチャー25「生活巧緻性」

問題36　分野：面接（口頭試問）

〈準 備〉　なし

〈問 題〉　※問題36の絵を見ながら答える
（箱を指さして）
「何が入っていたらうれしいですか」
（かばんを指さして）
「幼稚園（保育園）に行くときにどんなかばんを持っていきますか」
「誰がその準備をしていますか」
（本を指さして）
「好きな本は何ですか」「どんなところが好きですか」
（クレヨンを指さして）
「好きな色は何ですか」「どんな絵を描きたいですか」
（窓を指さして）
「窓の外には何が見えると思いますか」

〈時 間〉　５分程度

〈解 答〉　省略

［2019年度出題］

学習のポイント

絵を見ながら、さまざまな質問に答えていくという形式の課題が、例年、面接時に出題されています。本年は部屋の中にいる女の子の絵でしたが、昔話の場面がいくつか並んでいるものだったり、食べものの写真が並んでいるものだったりと、いくつかのパターンがあります。あくまでも面接の一環なので、質問内容自体にそれほど大きな意味があるわけではなく、その受け答えの態度を観ることが主眼となっているようです。具体的な対策をとるというよりは、大人の人とのコミュニケーションに慣れておくことの方が重要でしょう。面接では、「先生がやさしかった」との声もあったので、お子さまもあまり緊張せずに済むかもしれません。

【おすすめ問題集】

新 小学校受験の入試面接Q＆A、家庭で行う面接テスト問題集、
保護者のための面接最強マニュアル、新 口頭試問・個別テスト問題集

問題37　分野：運動

〈準　備〉　お手玉２個

〈問　題〉　この問題の絵はありません。

（２つのグループに分かれ、向かい合う形で２列に並びます。１つの課題が終わったら列の後ろに並んで待ちます。）

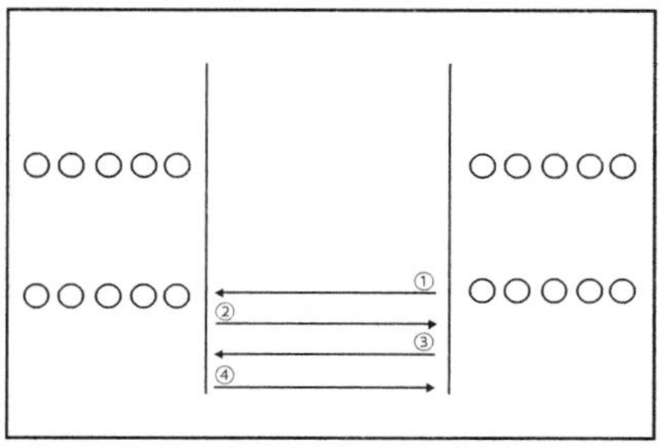

①かけっこしましょう。
②スキップをしましょう。
③ギャロップをしましょう。
④お手玉をできるだけ遠くに投げましょう（２回）。

〈時　間〉　適宜

〈解　答〉　省略

［2019年度出題］

学習のポイント

２日間あった試験日程が１日になった関係からか、これまでに行われていたようなサーキット運動ではなく、シンプルな運動へと変更になりました。こうした内容の変更があったとしても、観られているところは基本的に変わりません。「指示をきちんと聞くこと」「指示通りに行動すること」「最後までやりきること」など、課題に対してどう取り組んでいくのかが問われています。もちろん上手にできた方がよいのですが、できなかったとしても意欲的な姿勢は評価されます。お子さまがあまり運動が得意でなかったとしても、あきらめるのではなく、一生懸命取り組むことが大切だということを、しっかりと教えてあげてください。

【おすすめ問題集】

新 運動テスト問題集、Ｊｒ・ウォッチャー28「運動」

問題38 分野：行動観察

〈準備〉 なし

〈問題〉 この問題の絵はありません。

①グループに分かれて、先生から指示された歌をうたいましょう。
②音楽に合わせて、先生から指示された歩き方をしましょう。
③先生が言った言葉の音数と同じ人数のグループを作って、手をつないでください（例／トマトなら３人でグループになって手をつなぐ）。

〈時間〉 適宜

〈解答〉 省略

［2019年度出題］

学習のポイント

当校の行動観察では、音楽的な要素を取り入れた課題が、例年出されています。昨年まではリズム体操とゲームでしたが、本年は歌と音楽に合わせた指示行動という内容でした。課題に変更はありましたが、もともと音楽を取り入れた行動観察だったので、さほど戸惑うことなくできたお子さまが多かったようです。「聞く」「理解する」「実行する」という、行動観察の基本が理解できていれば問題なくできる課題です。今年度から試験スケジュールが２日間から１日ですべて終了させる方式に変更になりましたが、試験内容が大きく変わったということはありませんでした。説明会において、2020年度も試験日は１日のままという告知がありましたので、今年度の形が継続されるものと考えられます。

【おすすめ問題集】

新 口頭試問・個別テスト問題集、新 ノンペーパーテスト問題集

問題１３－１

問題１３－２

①
②
③
④
⑤

日本学習図書株式会社

問題１４

①

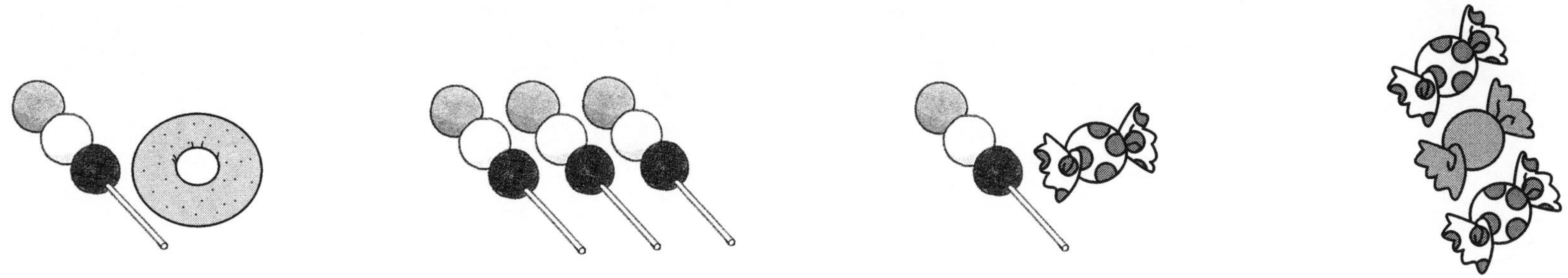

②

③

問題１５

2022 年度 立教女学院 過去 無断複製／転載を禁ずる

①

②

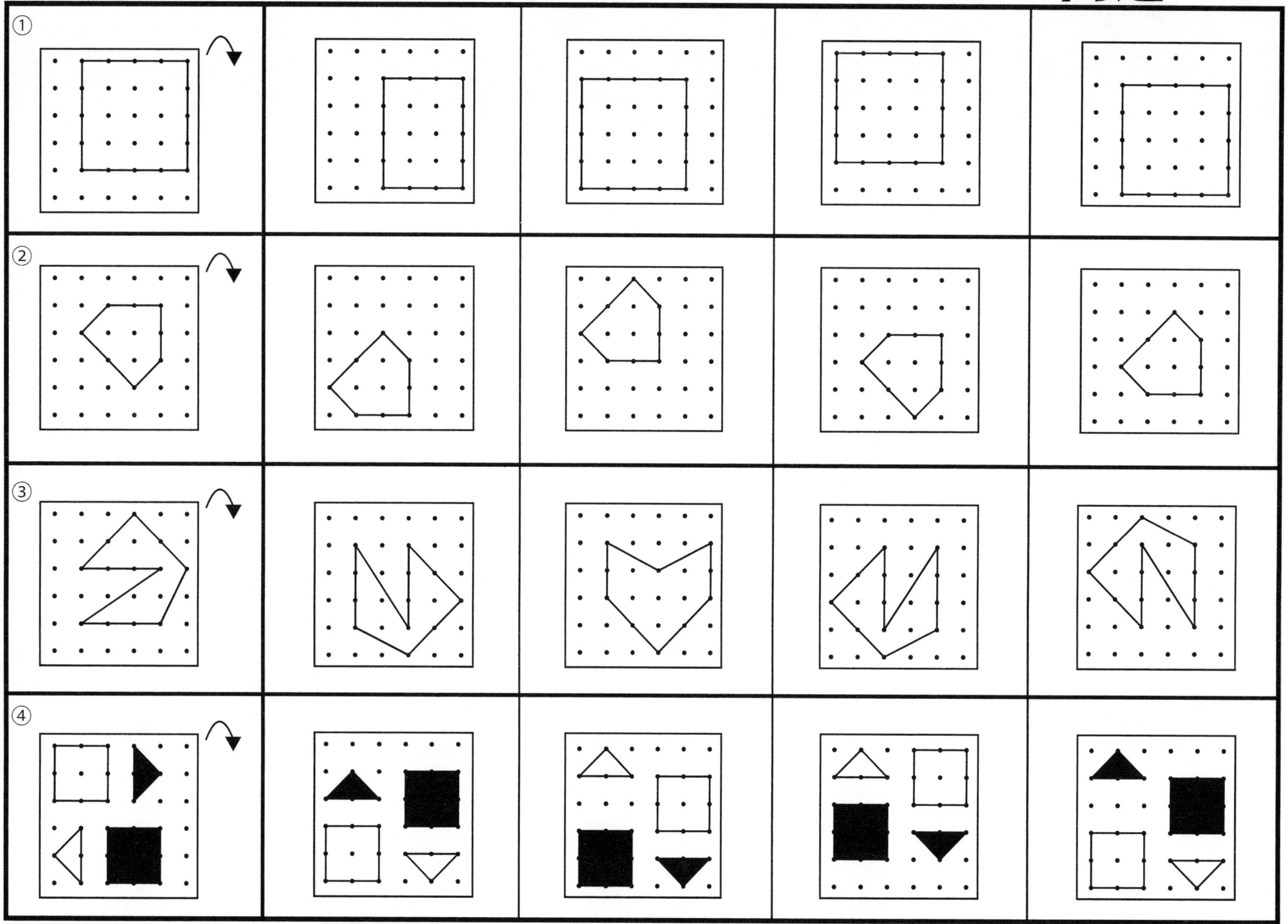

2022 年度 立教女学院 過去 無断複製／転載を禁ずる　日本学習図書株式会社

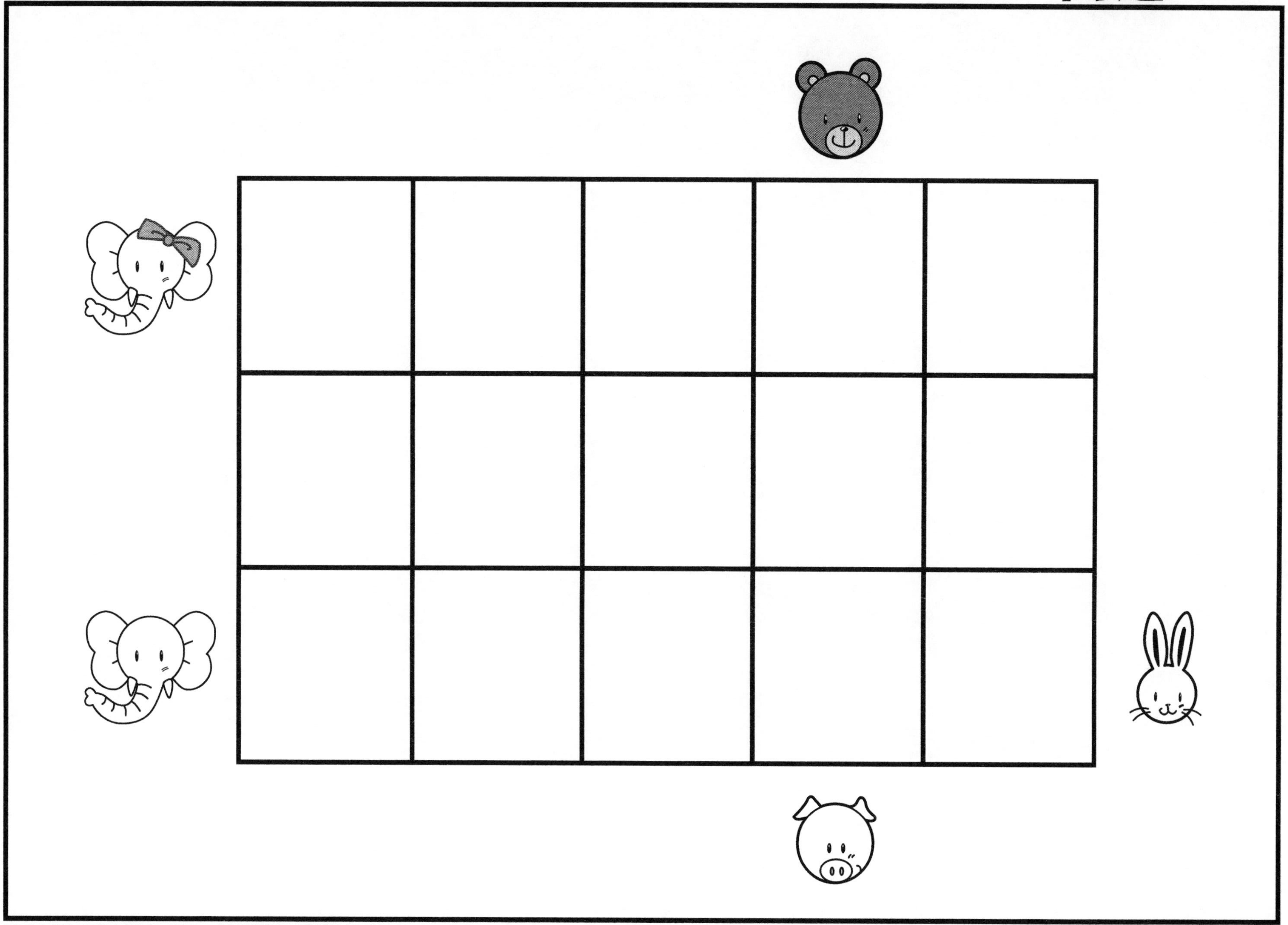

問題18

問題１９

①

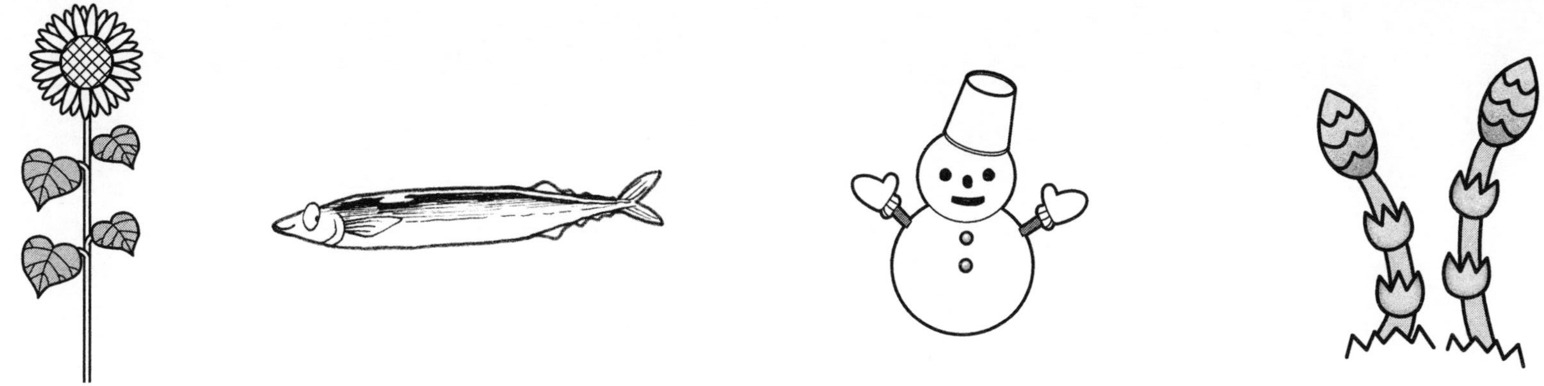

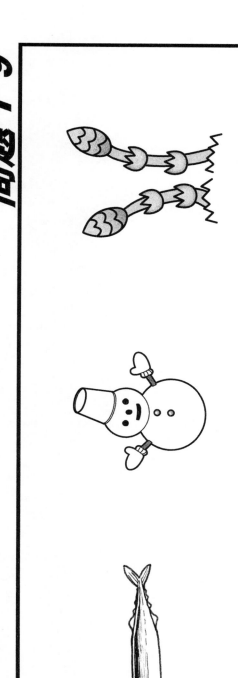

②

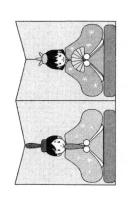

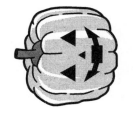

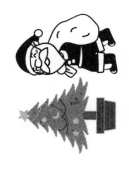

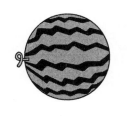

③

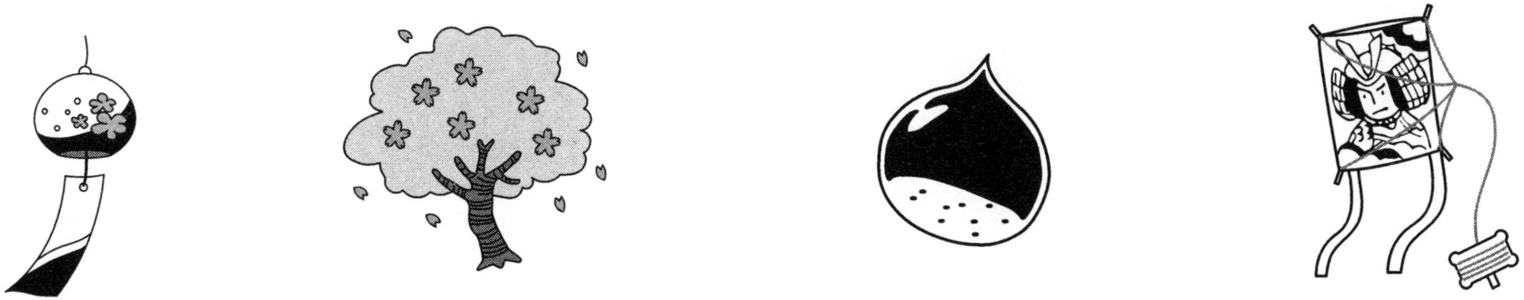

日本学習図書株式会社

問題２１

裏を使う

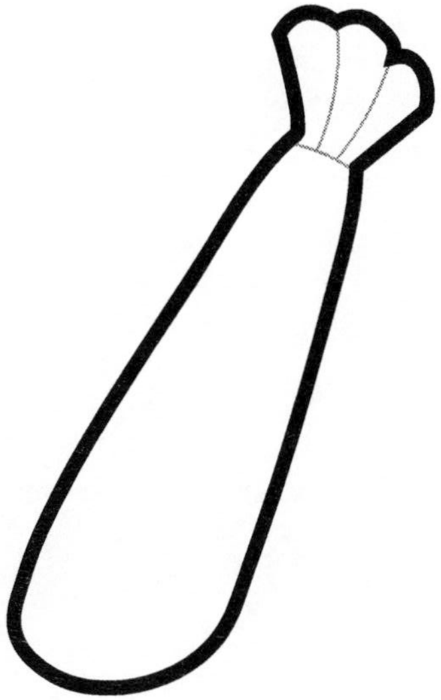

問題２２－２

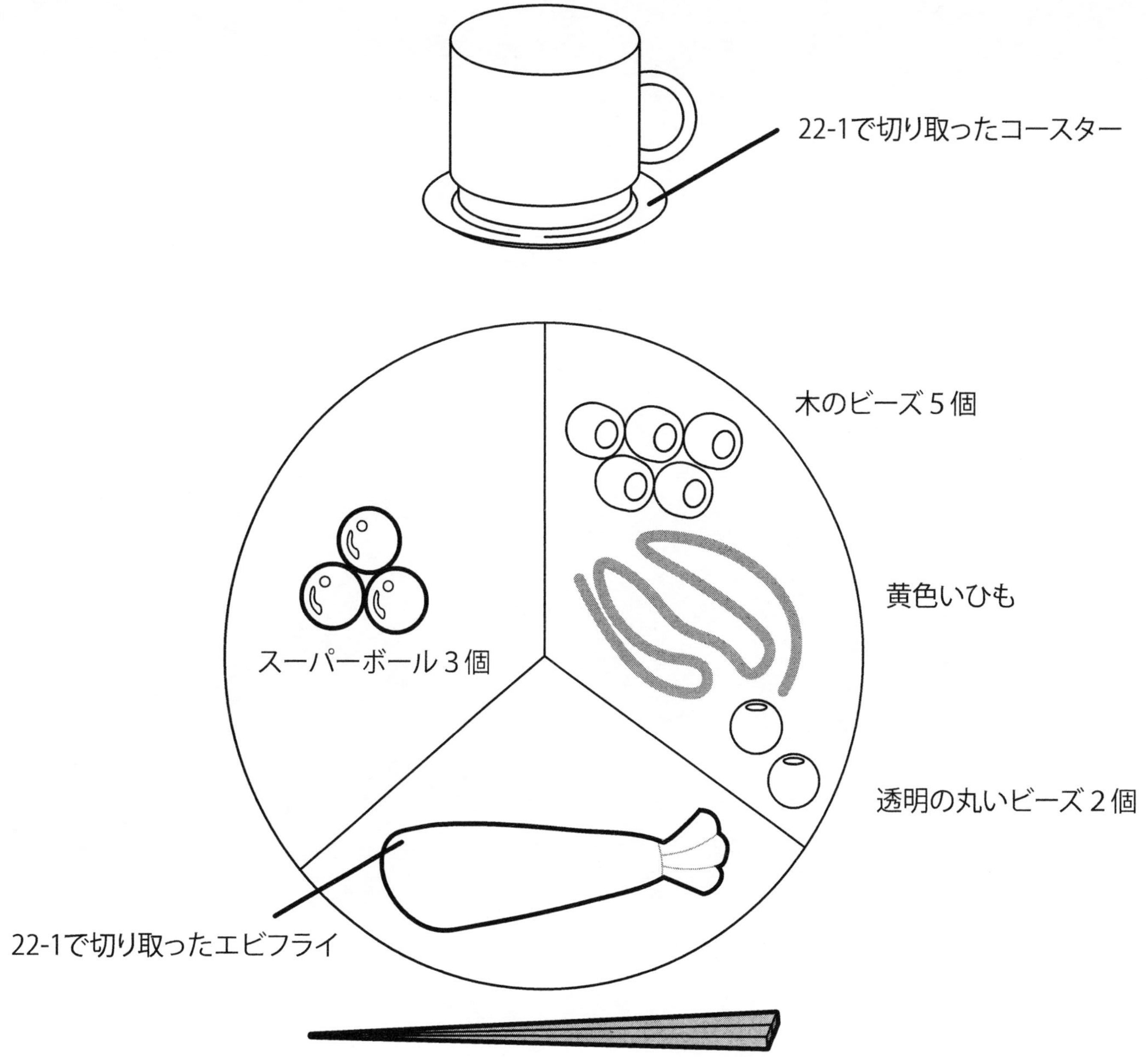
22-1で切り取ったコースター
木のビーズ５個
黄色いひも
スーパーボール３個
透明の丸いビーズ２個
22-1で切り取ったエビフライ

問題２３

問題２４－１

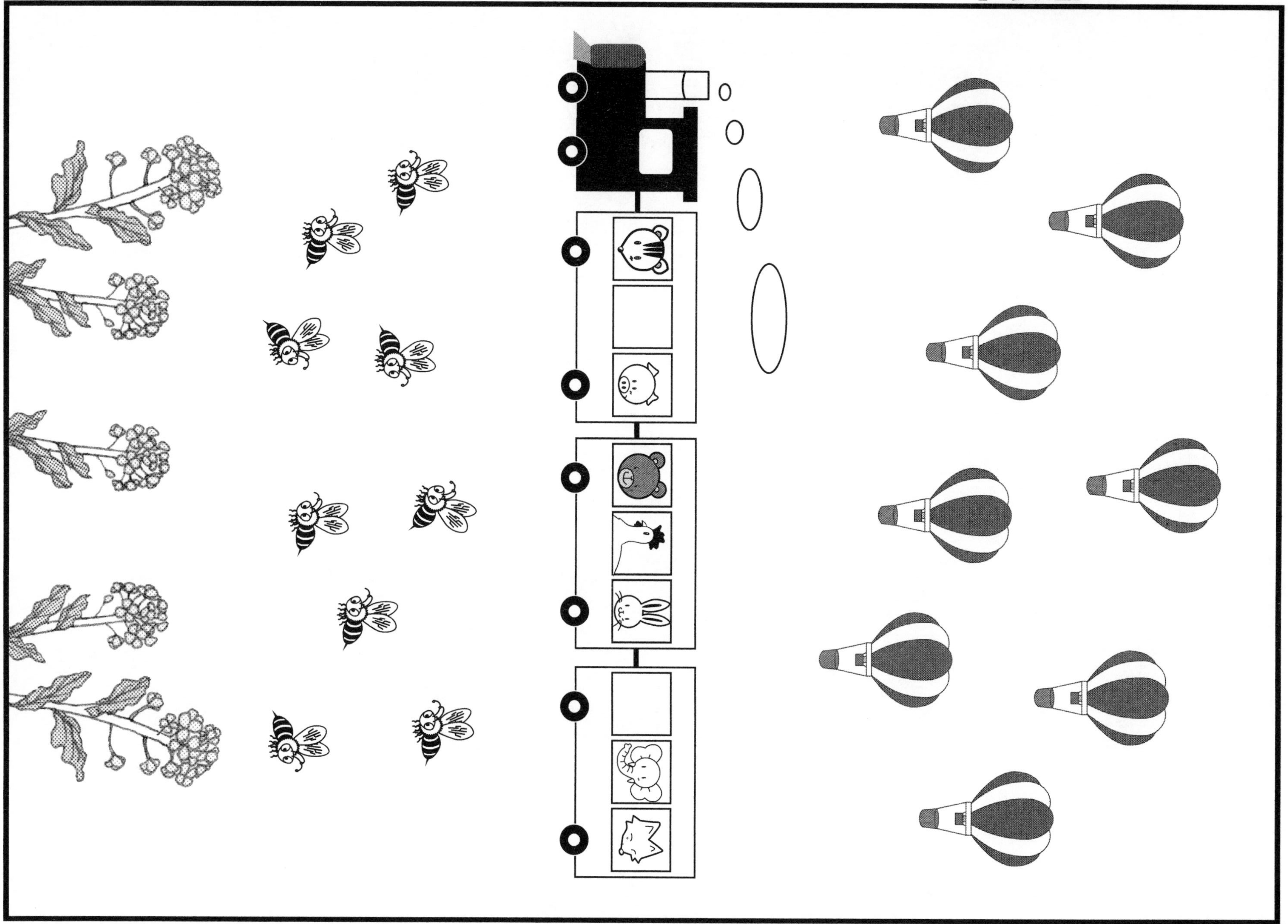

①

②

③

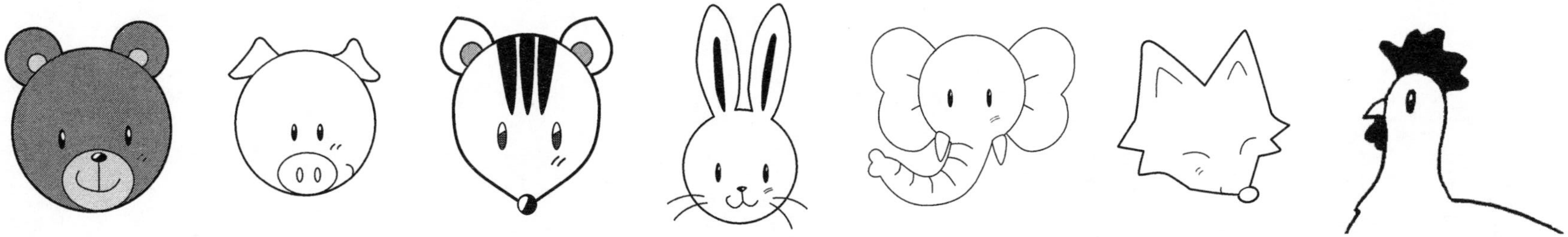

④

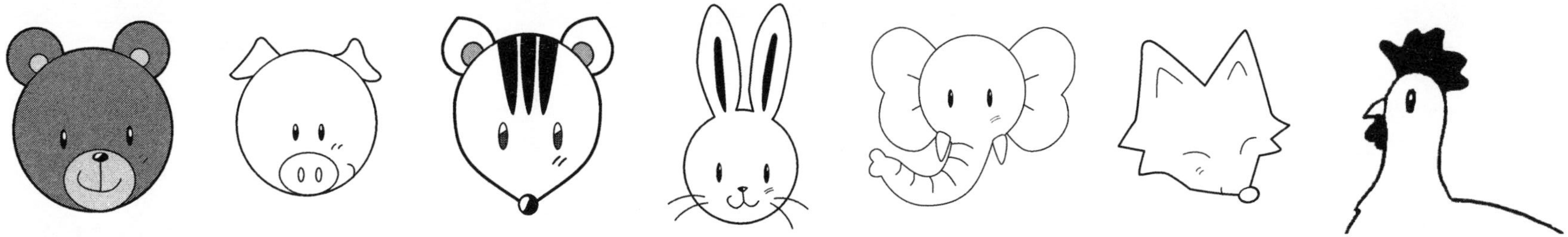

問題25

①

②

③

④

問題26

①

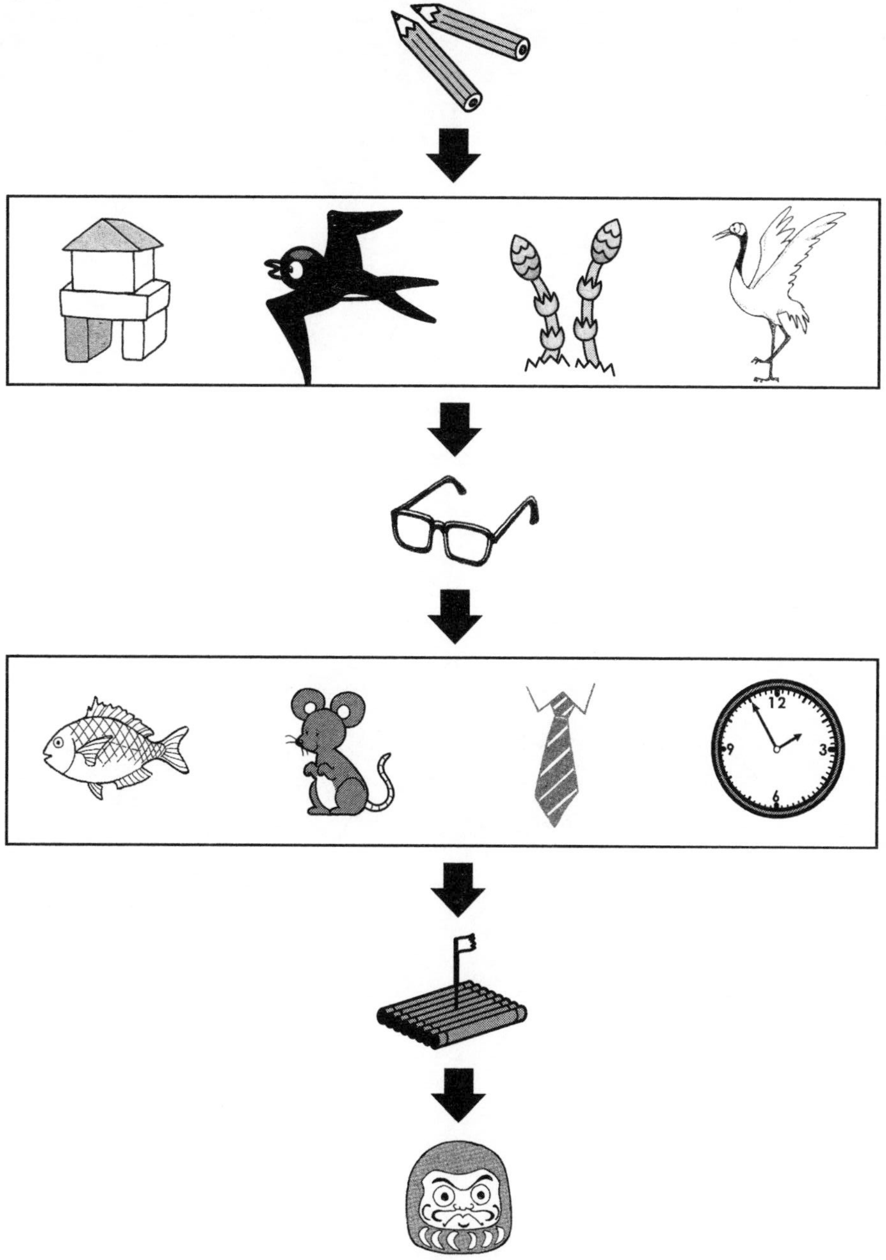

②

問題２７

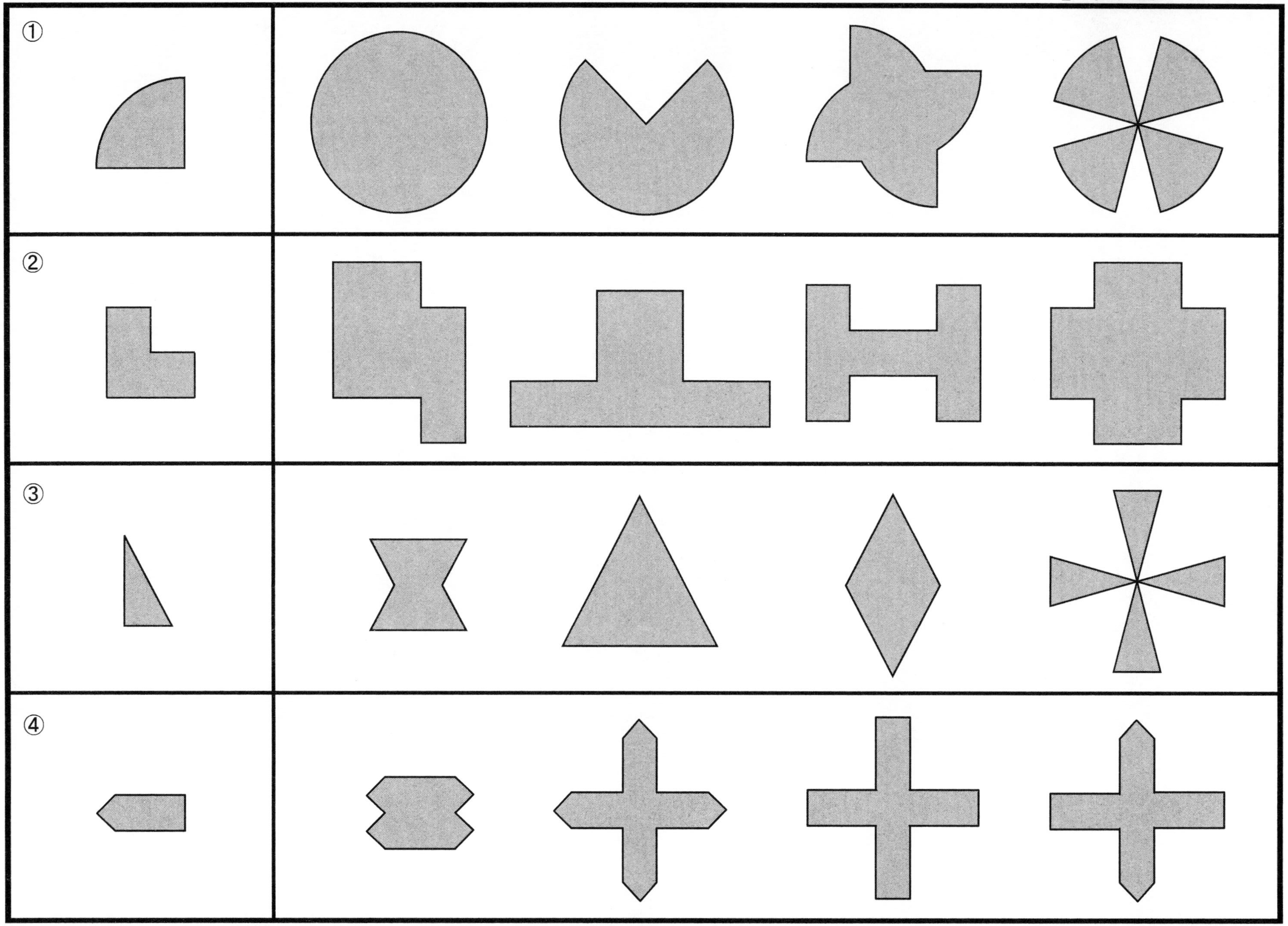

問題28−1

S8－1

③

①

②

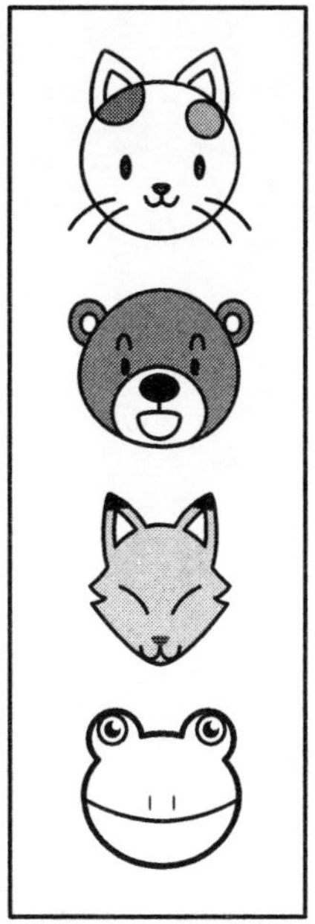

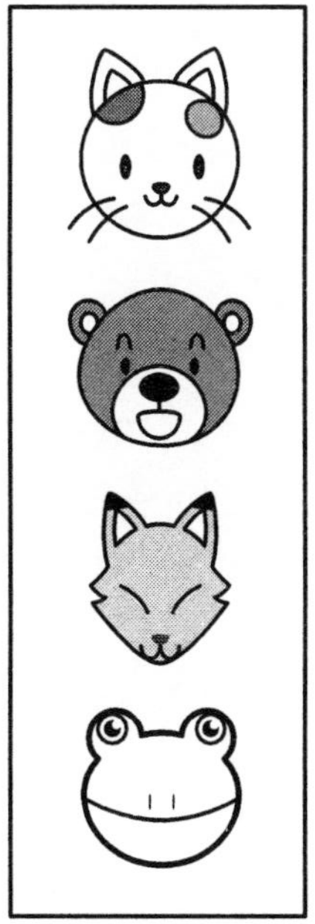

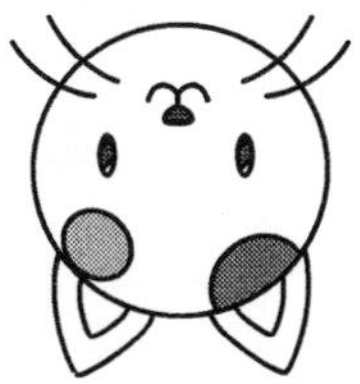

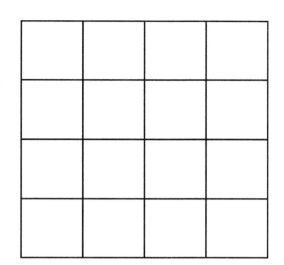

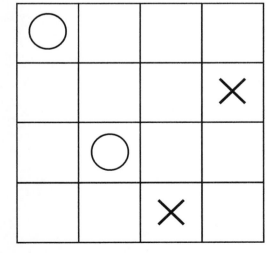

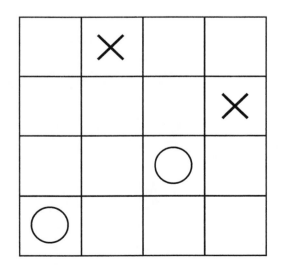

2022 年度 立教女学院 過去 無断複製／転載を禁ずる 日本学習図書株式会社

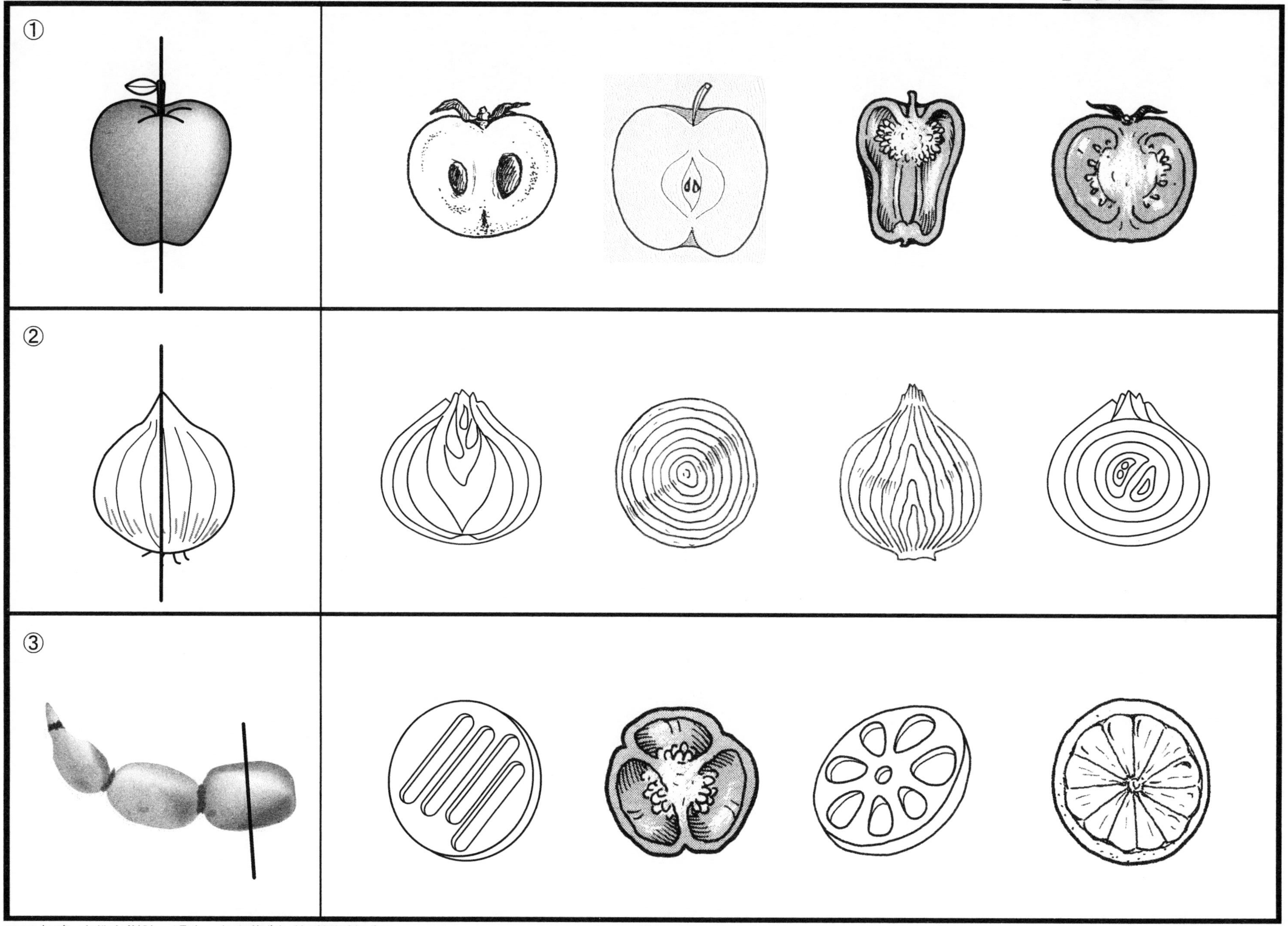

問題３０

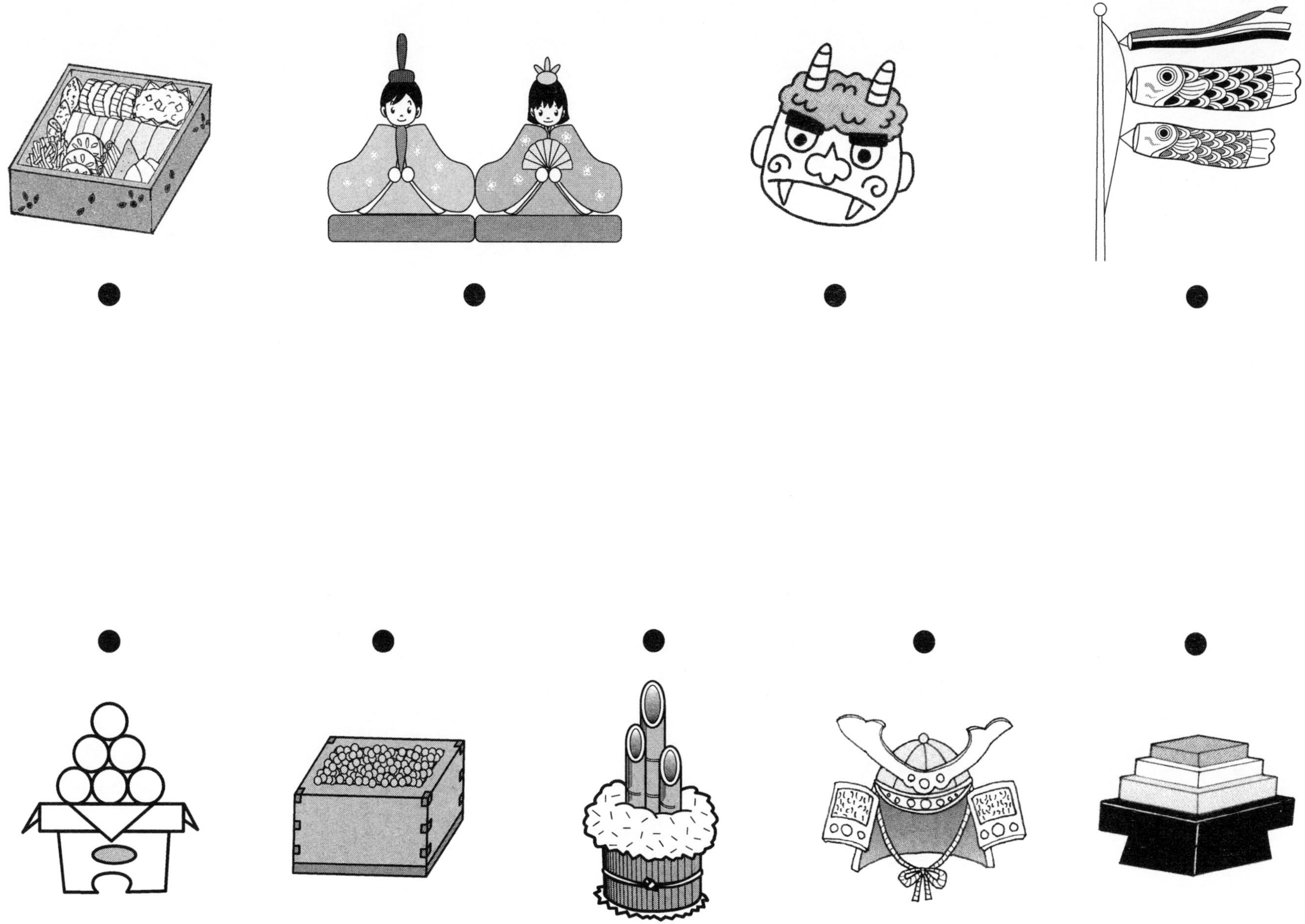

問題３１

①

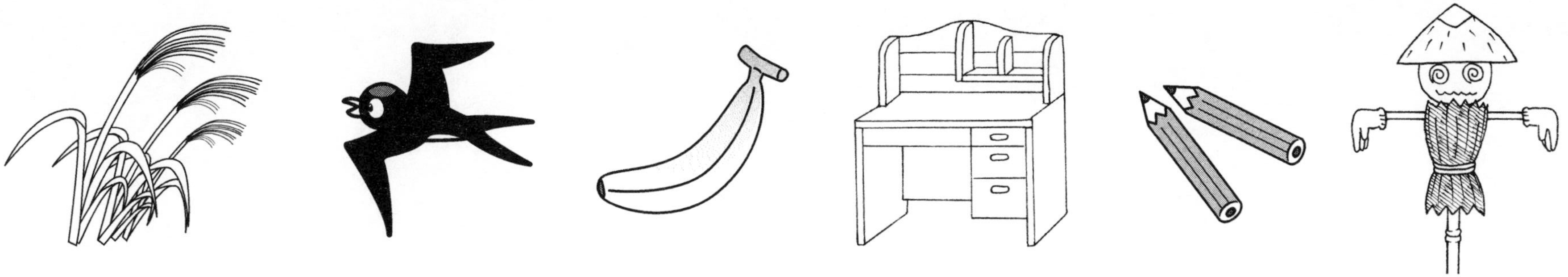

②

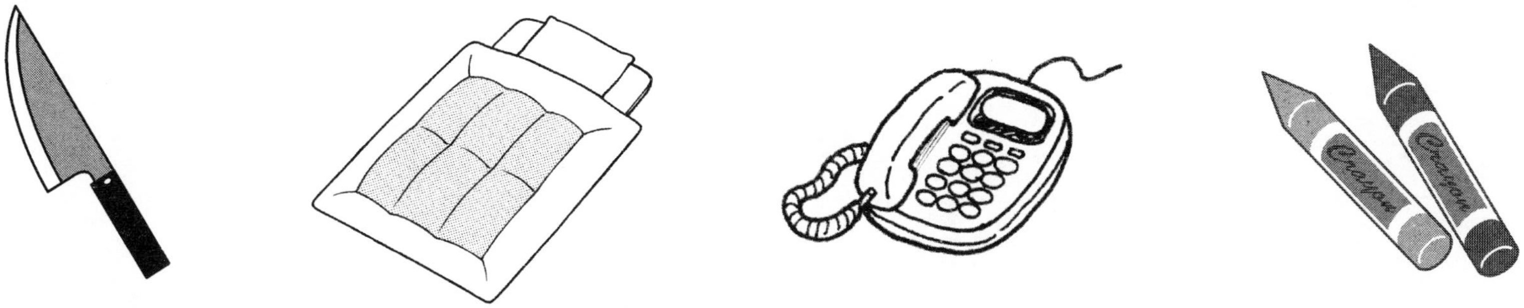

③

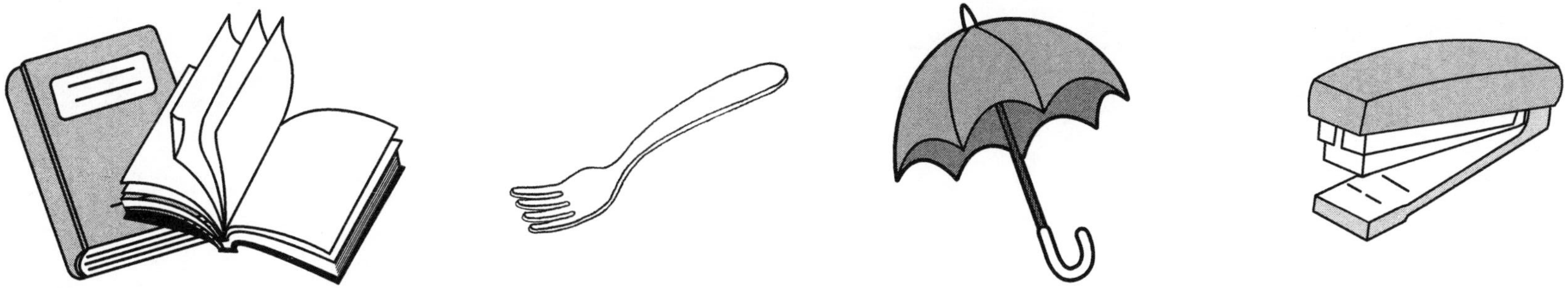

問題３２

①

②

問題３３－１

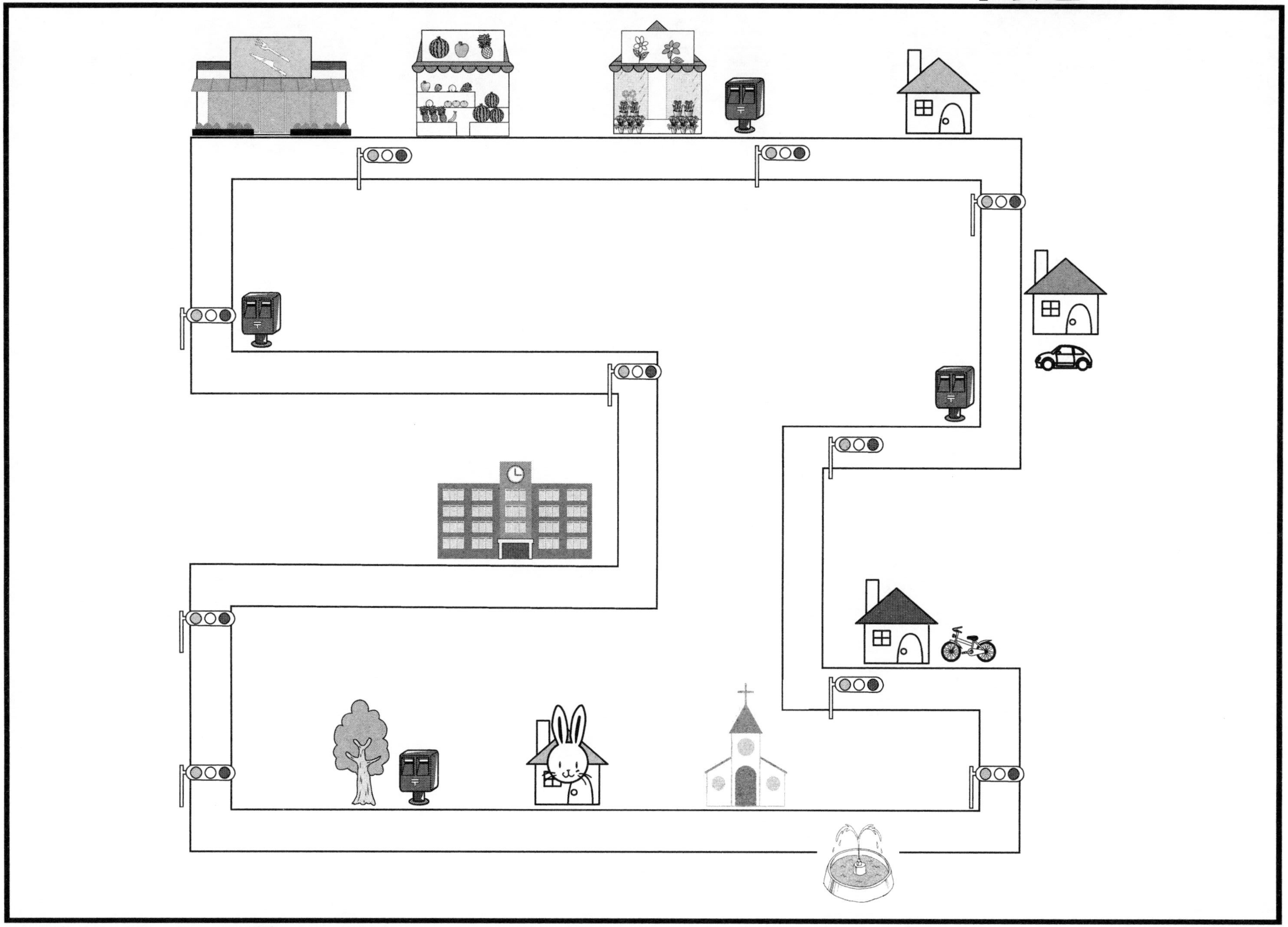

問題３３－２

①②

④

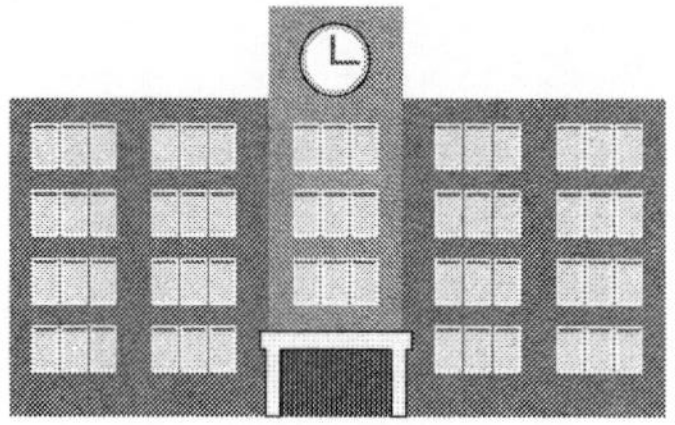

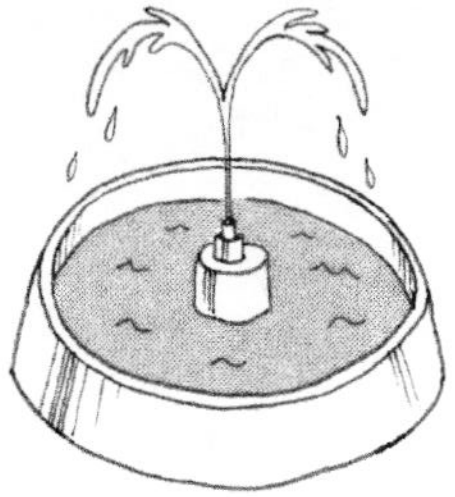

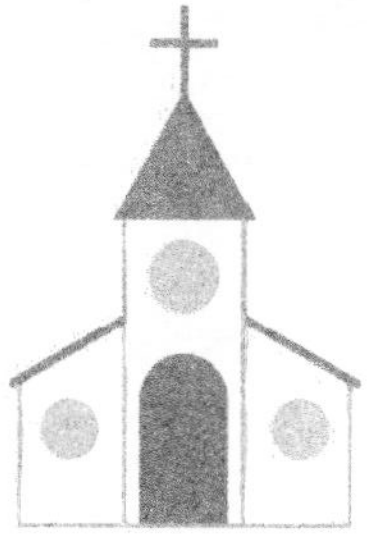

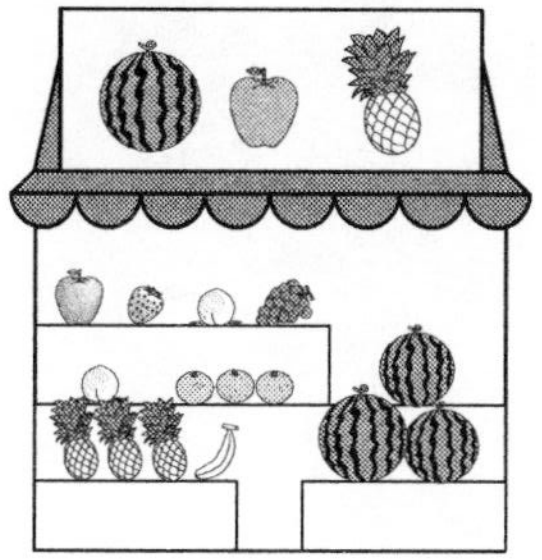

問題３４

問題３５

おもてみほん　　うらみほん

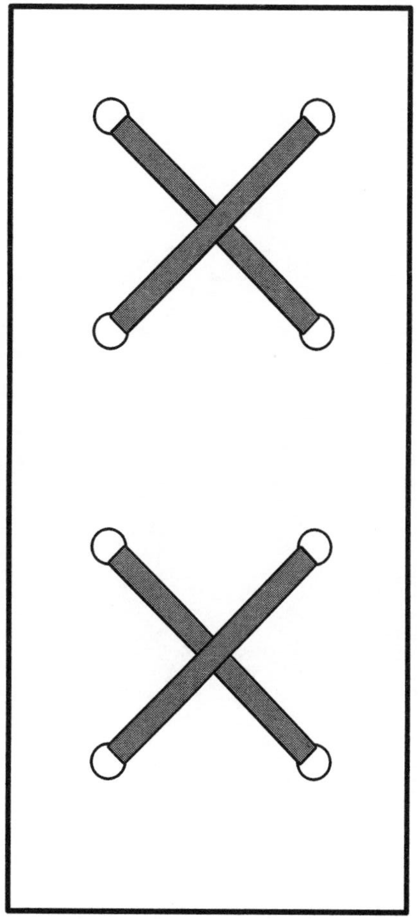

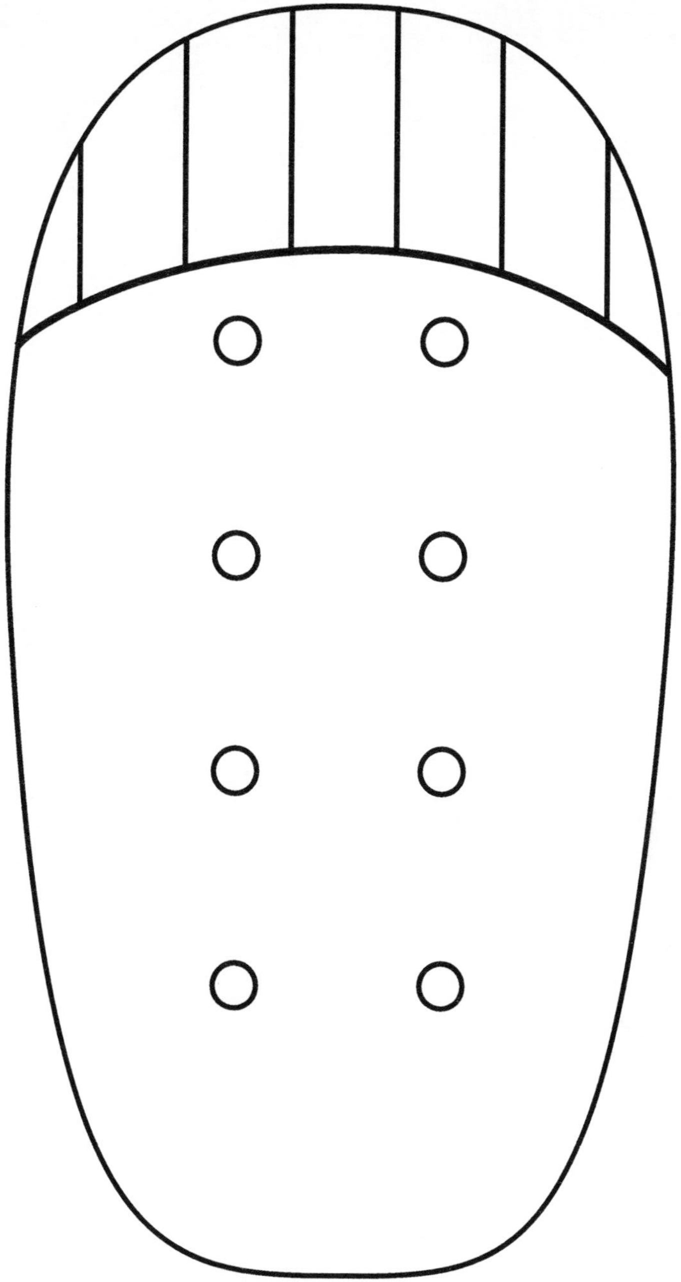

日本学習図書株式会社

問題３６

図書カード1000円分プレゼント

ご記入日 令和　年　月　日

☆国・私立小学校受験アンケート☆

※可能な範囲でご記入下さい。選択肢は○で囲んで下さい。

〈小学校名〉＿＿＿＿＿＿＿＿　〈お子さまの性別〉男・女　〈誕生月〉＿＿月

〈その他の受験校〉（複数回答可）＿＿＿＿＿＿＿＿

〈受験日〉①：＿＿月＿＿日〈時間〉＿＿時＿＿分～＿＿時＿＿分

②：＿＿月＿＿日〈時間〉＿＿時＿＿分～＿＿時＿＿分

〈受験者数〉男女計＿＿名（男子＿＿名　女子＿＿名）

〈お子さまの服装〉＿＿＿＿＿＿＿＿

〈入試全体の流れ〉（記入例）準備体操→行動観察→ペーパーテスト

＿＿＿＿＿＿＿＿

Eメールによる情報提供

日本学習図書では、Eメールでも入試情報を募集しております。
下記のアドレスに、アンケートの内容をご入力の上、メールをお送り下さい。

ojuken@nichigaku.jp

●行動観察

（例）好きなおもちゃで遊ぶ・グループで協力するゲームなど

〈実施日〉＿＿月＿＿日〈時間〉＿＿時＿＿分～＿＿時＿＿分〈着替え〉□有 □無

〈出題方法〉□肉声 □録音 □その他（　　　）〈お手本〉□有 □無

〈試験形態〉□個別 □集団（　　人程度）

〈内容〉

□自由遊び

＿＿＿＿＿＿＿＿

□グループ活動

＿＿＿＿＿＿＿＿

□その他

＿＿＿＿＿＿＿＿

〈会場図〉

●運動テスト（有・無）

（例）跳び箱・チームでの競争など

〈実施日〉＿＿月＿＿日〈時間〉＿＿時＿＿分～＿＿時＿＿分〈着替え〉□有 □無

〈出題方法〉□肉声 □録音 □その他（　　　）〈お手本〉□有 □無

〈試験形態〉□個別 □集団（　　人程度）

〈内容〉

□サーキット運動

□走り □跳び箱 □平均台 □ゴム跳び

□マット運動 □ボール運動 □なわ跳び

□クマ歩き

□グループ活動＿＿＿＿＿＿＿＿

□その他＿＿＿＿＿＿＿＿

〈会場図〉

●知能テスト・口頭試問

〈実施日〉＿＿月＿＿日〈時間〉＿＿時＿＿分 ～ ＿＿時＿＿分〈お手本〉□有 □無

〈出題方法〉□肉声 □録音 □その他（　　　　　）〈問題数〉＿＿枚 ＿＿問

分野	方法	内　容	詳細・イラスト
(例) お話の記憶	☑筆記 □口頭	動物たちが待ち合わせをする話	(あらすじ) 動物たちが待ち合わせをした。最初にウサギさんが来た。次にイヌくんが、その次にネコさんが来た。最後にタヌキくんが来た。 (問題・イラスト)  ３番目に来た動物は誰か
お話の記憶	□筆記 □口頭		(あらすじ) (問題・イラスト)
図形	□筆記 □口頭		
言語	□筆記 □口頭		
常識	□筆記 □口頭		
数量	□筆記 □口頭		
推理	□筆記 □口頭		
その他	□筆記 □口頭		

●制作　(例) ぬり絵・お絵かき・工作遊びなど

〈実施日〉＿＿月＿＿日　〈時間〉＿＿時＿＿分　～　＿＿時＿＿分

〈出題方法〉　□肉声　□録音　□その他（　　　　　　）　〈お手本〉□有　□無

〈試験形態〉　□個別　□集団（　　　　人程度）

材料・道具	制作内容
□ハサミ □のり（□つぼ　□液体　□スティック） □セロハンテープ □鉛筆　□クレヨン（　色） □クーピーペン（　色） □サインペン（　色）□ □画用紙（□ A4　□ B4　□ A3 　　　□その他：　　　　　　） □折り紙　□新聞紙　□粘土 □その他（　　　　　　　）	□切る　□貼る　□塗る　□ちぎる　□結ぶ　□描く　□その他（　　　　　　） タイトル：＿＿＿＿＿＿＿＿＿＿

●面接

〈実施日〉＿＿月＿＿日　〈時間〉＿＿時＿＿分　～　＿＿時＿＿分　〈面接担当者〉＿＿名

〈試験形態〉□志願者のみ（　　）名　□保護者のみ　□親子同時　□親子別々

〈質問内容〉

※試験会場の様子をご記入下さい。

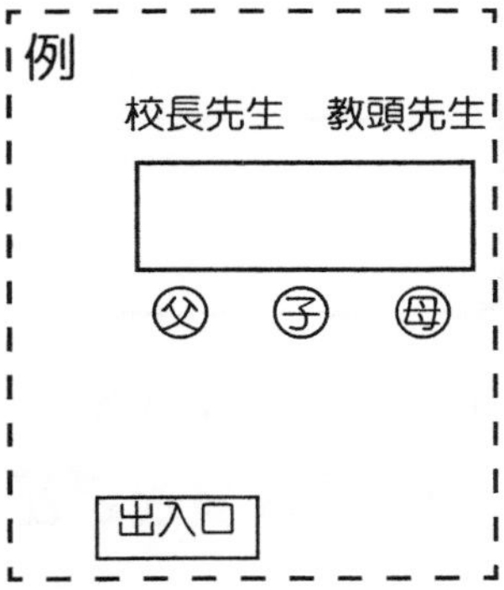

□志望動機　□お子さまの様子

□家庭の教育方針

□志望校についての知識・理解

□その他（　　　　　　　　　　　）

（詳　細）

・

・

・

・

●保護者作文・アンケートの提出（有・無）

〈提出日〉　□面接直前　□出願時　□志願者考査中　□その他（　　　　　　　）

〈下書き〉　□有　□無

〈アンケート内容〉

（記入例）当校を志望した理由はなんですか（150字）

●**説明会**（□有　□無）〈開催日〉＿＿月＿＿日〈時間〉＿＿時＿＿分～＿＿時＿＿分

〈上履き〉　□要　□不要　〈願書配布〉　□有　□無　〈校舎見学〉　□有　□無

〈ご感想〉

●**参加された学校行事**（複数回答可）

公開授業〈開催日〉＿＿月＿＿日〈時間〉＿＿時＿＿分～＿＿時＿＿分

運動会など〈開催日〉＿＿月＿＿日〈時間〉＿＿時＿＿分～＿＿時＿＿分

学習発表会・音楽会など〈開催日〉＿＿月＿＿日〈時間〉＿＿時＿＿分～＿＿時＿＿分

〈ご感想〉

※是非参加したほうがよいと感じた行事について

●**受験を終えてのご感想、今後受験される方へのアドバイス**

※対策学習（重点的に学習しておいた方がよい分野）、当日準備しておいたほうがよい物など

＊＊＊＊＊＊＊＊＊＊＊＊　ご記入ありがとうございました　＊＊＊＊＊＊＊＊＊＊＊＊

必要事項をご記入の上、ポストにご投函ください。

なお、本アンケートの送付期限は入試終了後３ヶ月とさせていただきます。また、入試に関する情報の記入量が当社の基準に満たない場合、謝礼の送付ができないことがございます。あらかじめご了承ください。

ご住所：〒＿＿＿＿＿＿＿＿＿＿＿＿＿＿＿＿

お名前：＿＿＿＿＿＿＿＿　メール：＿＿＿＿＿＿＿＿

ＴＥＬ：＿＿＿＿＿＿＿＿　ＦＡＸ：＿＿＿＿＿＿＿＿

ご記入頂いた個人に関する情報は、当社にて厳重に管理致します。弊社の個人情報取り扱いに関する詳細は、www.nichigaku.jp/policy.php の「個人情報の取り扱い」をご覧下さい。

分野別 小学入試練習帳 ジュニアウォッチャー

1．点・線図形	小学校入試で出題頻度の高い『点・線図形』の模写を、難易度の低いものから段階別に幅広く練習することができるように構成。
2．座標	図形の位置模写という作業を、難易度の低いものから段階別に練習できるように構成。
3．パズル	様々なパズルの問題を難易度の低いものから段階別に練習できるように構成。
4．同図形探し	小学校入試で出題頻度の高い、同図形選びの問題を繰り返し練習できるように構成。
5．回転・展開	図形などを回転、または展開したとき、形がどのように変化するかを学習し、理解を深められるように構成。
6．系列	数、図形などの様々な系列問題を、難易度の低いものから段階別に練習できるように構成。
7．迷路	迷路の問題を繰り返し練習できるように構成。
8．対称	対称に関する問題を４つのテーマに分類し、各テーマごとに問題を段階別に練習できるように構成。
9．合成	図形の合成に関する問題を、難易度の低いものから段階別に練習できるように構成。
10．四方からの観察	もの（立体）を様々な角度から見て、どのように見えるかを推理する問題を段階別に整理し、１つの形式で複数の問題を練習できるように構成。
11．いろいろな仲間	ものや動物、植物の共通点を見つけ、分類していく問題を中心に構成。
12．日常生活	日常生活における様々な問題を６つのテーマに分類し、各テーマごとに一つの問題形式で複数の問題を練習できるように構成。
13．時間の流れ	『時間』に着目し、様々なものごとは、時間が経過するとどのように変化するのかということを学習し、理解できるように構成。
14．数える	様々なものを『数える』ことから、数の多少の判定やかけ算、わり算の基礎までを練習できるように構成。
15．比較	比較に関する問題を５つのテーマ（数、高さ、長さ、量、重さ）に分類し、各テーマごとに問題を段階別に練習できるように構成。
16．積み木	数える対象を積み木に限定した問題集。
17．言葉の音遊び	言葉の音に関する問題を５つのテーマに分類し、各テーマごとに問題を段階別に練習できるように構成。
18．いろいろな言葉	表現力をより豊かにするいろいろな言葉として、擬態語や擬声語、同音異義語、反意語、数詞を取り上げた問題集。
19．お話の記憶	お話を聴いてその内容を記憶、理解し、設問に答える形式の問題集。
20．見る記憶・聴く記憶	「見て憶える」「聴いて憶える」という『記憶』分野に特化した問題集。
21．お話作り	いくつかの絵を元にしてお話を作る練習をして、想像力を養うことができるように構成。
22．想像画	描かれてある形や景色に好きな絵を描くことにより、想像力を養うことができるように構成。
23．切る・貼る・塗る	小学校入試で出題頻度の高い、はさみやのりなどを用いた巧緻性の問題を繰り返し練習できるように構成。
24・絵画	小学校入試で出題頻度の高い、お絵かきやぬり絵などクレヨンやクーピーペンを用いた巧緻性の問題を繰り返し練習できるように構成。
25．生活巧緻性	小学校入試で出題頻度の高い日常生活の様々な場面における巧緻性の問題集。
26．文字・数字	ひらがなの清音、濁音、拗音、拗長音、促音と１～20までの数字に焦点を絞り、練習できるように構成。
27．理科	小学校入試で出題頻度が高くなりつつある理科の問題を集めた問題集。
28．運動	出題頻度の高い運動問題を種目別に分けて構成。
29．行動観察	項目ごとに問題提起をし、「このような時はどうか、あるいはどう対処するのか」の観点から問いかける形式の問題集。
30．生活習慣	学校から家庭に提起された問題と思って、一問一問絵を見ながら話し合い、考える形式の問題集。

31．推理思考	数、量、言語、常識（含理科、一般）など、諸々のジャンルから問題を構成し、近年の小学校入試問題傾向に沿って構成。
32．ブラックボックス	箱や筒の中を通ると、どのようなお約束でどのように変化するかを推理・思考する問題集。
33．シーソー	重さの違うものをシーソーに乗せた時どちらに傾くのか、またどうすればシーソーは釣り合うのかを思考する基礎的な問題集。
34．季節	様々な行事や植物などを季節別に分類できるように知識をつける問題集。
35．重ね図形	小学校入試で頻繁に出題されている「図形を重ね合わせてできる形」についての問題を集めました。
36．同数発見	様々な物を数え「同じ数」を発見し、数の多少の判断や数の認識の基礎を学べるように構成した問題集。
37．選んで数える	数の学習の基本となる、いろいろなものの数を正しく数える学習を行う問題集。
38．たし算・ひき算１	数字を使わず、たし算とひき算の基礎を身につけるための問題集。
39．たし算・ひき算２	数字を使わず、たし算とひき算の基礎を身につけるための問題集。
40．数を分ける	数を等しく分ける問題です。等しく分けたときに余りが出るものもあります。
41．数の構成	ある数がどのような数で構成されているか学んでいきます。
42．一対多の対応	一対一の対応から、一対多の対応まで、かけ算の考え方の基礎学習を行います。
43．数のやりとり	あげたり、もらったり、数の変化をしっかりと学びます。
44．見えない数	指定された条件から数を導き出します。
45．図形分割	図形の分割に関する問題集。パズルや合成の分野にも通じる様々な問題を集めました。
46．回転図形	「回転図形」に関する問題集。やさしい問題から始め、いくつかの代表的なパターンから、段階を踏んで学習できるよう編集されています。
47．座標の移動	「マス目の指示通りに移動する問題」と「指示された数だけ移動する問題」を収録。
48．鏡図形	鏡で左右反転させた時の見え方を考えます。平面図形から立体図形、文字、絵まで。
49．しりとり	すべての学習の基礎となる「言葉」を学ぶこと、特に「語彙」を増やすことに重点をおき、さまざまなタイプの「しりとり」問題を集めました。
50．観覧車	観覧車やメリーゴーラウンドなどを舞台にした「回転系列」の問題集。「推理思考」分野の問題ですが、要素として「図形」や「数量」も含みます。
51．運筆①	鉛筆の持ち方を学び、点線なぞり、お手本を見ながらの模写で、線を引く練習をします。
52．運筆②	運筆①からさらに発展し、「欠所補完」や「迷路」などを楽しみながら、より複雑な鉛筆運びを習得することを目指します。
53．四方からの観察 積み木編	積み木を使用した「四方からの観察」に関する問題を練習できるように構成。
54．図形の構成	見本の図形がどのような部分によって形づくられているかを考えます。
55．理科②	理科的知識に関する問題を集中して練習する「常識」分野の問題集。
56．マナーとルール	道路や駅、公共の場でのマナー、安全や衛生に関する常識を学べるように構成。
57．置き換え	さまざまな具体的・抽象的事象を記号で表す「置き換え」の問題を扱います。
58．比較②	長さ・高さ・体積・数などを数学的な知識を使わず、論理的に推測する「比較」の問題を練習できるように構成。
59．欠所補完	線と線のつながり、欠けた絵に当てはまるものなどを求める「欠所補完」に取り組める問題集です。
60．言葉の音（おん）	しりとり、決まった順番の音をつなげるなど、「言葉の音」に関する問題に取り組める練習問題集です。

『読み聞かせ』×『質問』＝『聞く力』

お話の記憶の練習に最適

1話５分の
読み聞かせお話集①②

「アラビアン・ナイト」「アンデルセン童話」「イソップ寓話」「グリム童話」、日本や各国の民話、昔話、偉人伝の中から、教育的な物語や、過去に小学校入試でも出題された有名なお話を中心に掲載。お話ごとに、内容に関連したお子さまへの質問も掲載しています。「読み聞かせ」を通して、お子さまの『聞く力』を伸ばすことを目指します。　①巻・②巻　各48話

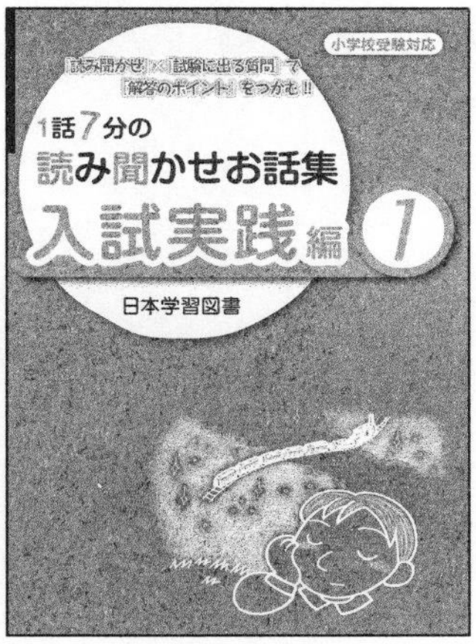

1話７分の読み聞かせお話集
入試実践編①

国立・私立小学校受験対応

最長1,700文字の長文のお話を掲載。有名でない＝「聞いたことのない」お話を聞くことで、『集中力』のアップを目指します。設問も、実際の試験を意識した設問としています。ペーパーテスト実施校の多くが「お話の記憶」の問題を出題します。毎日の「読み聞かせ」と「試験に出る質問」で、「解答のポイント」をつかんで臨みましょう！　50話収録

ニチガクの　この５冊で受験準備も万全！

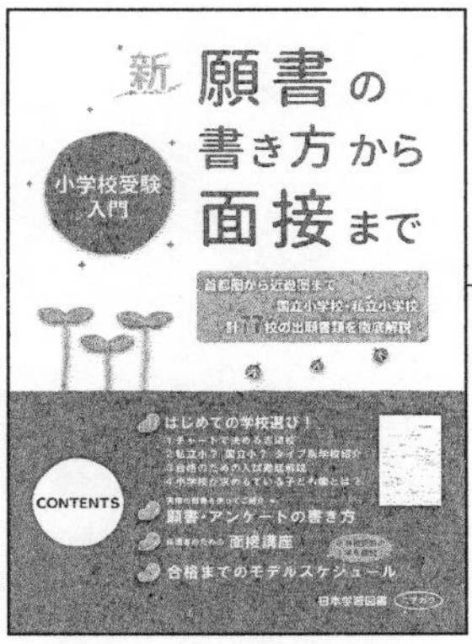

小学校受験入門
願書の書き方から面接まで　リニューアル版

主要私立・国立小学校の願書・面接内容を中心に、学校選びや入試の分野傾向、服装コーディネート、持ち物リストなども網羅し、受験準備全体をサポートします。

小学校受験で
知っておくべき125のこと

小学校受験の基本から怪しい「ウワサ」まで、保護者の方々からの 125 の質問にていねいに解答。目からウロコのお受験本。

新　小学校受験の
入試面接Q＆A　リニューアル版

過去十数年に遡り、面接での質問内容を網羅。小学校別、父親・母親・志願者別、さらに学校のこと・志望動機・お子さまについてなど分野ごとに模範解答例やアドバイスを掲載。

新　願書・アンケート
文例集500　リニューアル版

有名私立小、難関国立小の願書やアンケートに記入するための適切な文例を、質問の項目別に収録。合格を掴むためのヒントが満載！願書を書く前に、ぜひ一度お読みください。

小学校受験に関する
保護者の悩みQ＆A

保護者の方約 1,000 人に、学習・生活・躾に関する悩みや問題を取材。その中から厳選した 200 例以上の悩みに、「ふだんの生活」と「入試直前」のアドバイス２本立てで悩みを解決。

日本学習図書株式会社